Engelhorns Lebensbücher

RALPH WALDO TRINE

WAS ALLE WELT SUCHT

Engelhorn Verlag · Stuttgart

Übersetzung aus dem
amerikanischen Englisch von
Max Christlieb

Die Deutsche Bibliothek – CIP-Einheitsaufnahme

Trine, Ralph Waldo:
Was alle Welt sucht / Ralph Waldo Trine.
Übers. aus dem amerikan. Engl.
von Max Christlieb. –
Stuttgart: Engelhorn Verlag, 1991
(Engelhorns Lebensbücher)
ISBN 3-87203-117-1

Typografische Gestaltung: Brigitte Müller
Gesamtherstellung: Friedrich Pustet, Regensburg
Printed in Germany

INHALT

MOTTO

Jeder baut sich seine Welt von innen heraus, und der Baumeister ist der Gedanke, denn Gedanken sind Kräfte, feine, lebendige, unwiderstehliche, allmächtige Kräfte: und je nach Gebrauch, den man von ihnen macht, erzeugen sie Stärke oder Ohnmacht, Frieden oder Schmerz, Erfolg oder Mißerfolg.

VORWORT ZUR ERSTEN AUFLAGE

Zwei Gründe bewegen den Verfasser, diese Schrift zu veröffentlichen: Er hat das Bewußtsein, daß die Zeit dafür reif ist, was sie freilich immer war, und schon längst war es ihm Bedürfnis, über diese wichtige Frage sich zu äußern. So kommt das Buch von Herzen – und darum darf der Verfasser wohl auch hoffen, daß es zu Herzen geht.

Boston, Massachusetts.

Ralph Waldo Trine.

VORWORT ZUM FÜNFZEHNTEN TAUSEND

Es ist nicht möglich, in einem Band – oder auch in vielen Bänden – die Bedürfnisse aller Leser zu befriedigen.

Aber wenn jemand erfährt, daß es ihm gelungen ist, die Wahrheit, die ihm selbst für sein Leben wichtig erscheint, so darzustellen, daß ihr Wert auch andern ebenso einleuchtet, so ist ihm das nicht bloß eine

Freude, sondern auch ein Ansporn, in Zukunft noch ernstlicher zu arbeiten und es womöglich noch besser zu machen. Der Verfasser ist von Herzen dankbar für alle die freundschaftlichen Briefe, die Hunderte von seinen Lesern aus allen Teilen der Welt an ihn geschrieben haben und er dankt ebenso allen denen, die sein Buch an andere weiter gaben. In diesem Gefühl hat er, um das Buch vielleicht für manche noch nützlicher zu machen, vier oder fünf von den Fragen, die am öftesten an ihn gerichtet wurden, in einem besonderen Abschnitt unter der allgemeinen Überschrift: *»Charakterbildung durch Gedankenkräfte«* zu beantworten gesucht. Und so tritt das Buch in seinem fünfzehnten Tausend seine Wanderung vielleicht noch etwas besser ausgerüstet an und kommt den Lesern hoffentlich noch näher.

Boston.

Ralph Waldo Trine.

VORREDE DES ÜBERSETZERS

Ralph Waldo Trine zeigt schon in seinem Vornamen seine geistige Abstammung von dem Mann, den die Amerikaner mit Recht als ihren größten Denker verehren, von Ralph Waldo Emerson (1803 bis 1882), der uns Deutschen heute näher gekommen ist, als das zu seinen Lebzeiten der Fall war. Von ihm leiten sich jene »neuen Gedanken« her, deren ungemeine Macht über den Geist der Amerikaner unser deutsches Vorurteil zu Schanden macht, als ob dieses Volk, in dessen Adern doch so viel deutsches Blut fließt, nüchtern und ideallos sei. Im Gegenteil: Was uns nüchternen Deutschen an diesen neuen Gedanken vielleicht zuerst auffällt, das ist ihr schrankenloser, alle Grenzen überfliegender Idealismus – derselbe Geist, aus dem die Erscheinungen des Spiritismus und des Gesundbetens hervorgegangen sind. Es zeigt sich darin dieselbe Unbekümmertheit um das Vergangene, um die von der Vergangenheit festgestellten Regeln und Gesetze, die auch sonst die Amerikaner kennzeichnet.

So findet auch Trine seinen nächsten Verwandten in jenem Denker, in dem der deutsche Geist seinen höchsten Flug über das Gegebene hinaus genommen:

in Johann Gottfried *Fichte*. Schon in der früher übersetzten Schrift »In Harmonie mit dem Unendlichen«
war diese Verwandtschaft deutlich, und in dem Büchlein »Das Größte, was wir kennen« sind ganze Stücke
aus »Fichtes Anweisung zum seligen Leben« über-
nommen.

Diese Verwandtschaft, die schon von Emerson her
vorhanden ist, aber durch die unmittelbare Einwirkung Fichtes auf Trine noch enger wird, bestimmt die
ganze Richtung der Gedanken des Verfassers.

Er mischt dem christlichen Theismus, dem Glauben an die Persönlichkeit Gottes, eine ziemliche Gabe
Pantheismus zu: Aber er will ihn dadurch nicht aufhe-
ben. Sein Gott bleibt ein selbstbewußtes Wesen: Aber
er ist dabei doch die Überseele Emersons, die Welt-
seele, die hinter und in dem Ich des Menschen als sein
höheres und wahres Selbst lebt, mit dem eins zu werden und sich als eins zu erkennen das Wesen aller
Religionen ist.

Von da aus ist Trine dann offen für alle möglichen
religiösen und wissenschaftlichen Anschauungen. Er
wird nicht müde, mit seinem Lehrer Fichte Christus
als den Meister aller Meister zu preisen, und Christi
Worte fließen ihm oft und glücklich in die Feder. Die
Auslegung, die er diesen Worten gibt, weicht freilich
von der in der Theologie üblichen weit ab, und zwar
nicht bloß von der älteren, die sich rechtgläubig
nennt, sondern auch von der neueren, die die Bibel
wesentlich geschichtlich auffaßt und in ihr Bleibendes
vom Vergänglichen unterscheiden will. Auch hier

folgt Trine jener mit Vorliebe »johanneisch« genann-
ten Auffassung des Christentums, die schon Fichte
predigt und die so oft und viel als die höhere »vergei-
stigte« angesehen worden ist.

Aber wie Fichte unter allen deutschen Denkern
dem Hochflug des indischen Denkens am nächsten
kam, so nimmt auch Trine jene Lehre der indischen
Upanischaden von der nur durch den Schleier der
Maja verhüllten, tatsächlich schon vorhandenen und
von uns nur zu entdeckenden Einheit und Einerleiheit
des Menschengeistes mit dem göttlichen Geiste auf.
(Der Übersetzer hat diese Übereinstimmung dadurch
deutlich zu machen gesucht, daß er, ohne an den
Worten Trines im geringsten zu ändern, den englischen Ausdruck »Self« je nachdem bald mit »Ich«,
bald mit »Selbst« wiedergegeben hat.) Diese indische
– und bekanntlich nicht bloß indische – Anschauung
nimmt aber Trine nicht nur für sich an, sondern er
legt sie auch in die Worte der Bibel hinein, vom Standpunkt des rein geschichtlich urteilenden Verständnis-
ses aus gewiß mit Unrecht, aber eben mit der Unab-
hängigkeit eines an keine Dogmatik sich bindenden
und die altchristliche Lehre von der Versöhnung Gottes durch den Opfertod Christi rücksichtslos verwer-
fenden Geistes, der neben Christus noch andere »Propheten, Seher und Erlöser« anerkennt und ohne viel
geschichtliche Bedenken von überall her nimmt, was
seine eigene Anschauung bestätigt. So ist ihm auch die
Anschauung der Theosophen, nach der zwischen
Geist und Stoff nicht jene Kluft befestigt ist, an die die

meisten glauben, willkommen: Die Gedanken sind
ihm Kräfte, mit denen nicht bloß der Charakter gebil-
det wird – die kleine Schrift über Charakterbildung
durch Gedankenkräfte ist als letzter Abschnitt in unser Buch aufgenommen –, sondern die auch sonst in
die Ferne auf den Geist anderer Menschen und sogar
auf die leblosen Dinge und die äußeren Umstände
wirken.

Aber – und auch das ist ganz Fichte – all diese
Gedanken und Anschauungen stellt Trine unmittelbar in den Dienst des sittlichen Willens, der Arbeit an
sich selbst und der Arbeit für andere. »Was alle Welt
sucht«, Lebensglück, Zufriedenheit, Entfaltung aller
Möglichkeiten, das ist nach Trine – und darin ist er
durchaus im Einklang mit dem höchsten sittlichen
Gedanken des Christentums, den er ja auch aus-
drücklich immer und immer wieder anführt – nur zu
finden in der sittlichen Arbeit an sich selber und im
Dienste der Menschheit. Und für diese beiden Aufgaben verbindet Trine in echt amerikanischer Weise den
hochfliegendsten Idealismus mit den einfachsten,
jederzeit und überall anwendbaren Ratschlägen für
das tägliche Leben, so daß man sagen kann, die beiden Bücher, das vorliegende, 1896 erschienene und
das drei Jahre später veröffentlichte »In Harmonie
mit dem Unendlichen«, verhalten sich zu einander
und ergänzen einander etwa wie Sittlichkeit und Religion.

Der Einfluß, den Trine auf die englisch sprechende
Welt ausübt, kann nicht gering veranschlagt werden,

wenn man bedenkt, welche Auflagen seine Schriften bis jetzt erreicht haben.

Der Erfolg des ersten ins Deutsche übersetzten Buches von Trine »In Harmonie mit dem Unendlichen« hat gezeigt, daß die Anschauungen Trines und die Art, wie er sie darstellt, auch in Deutschland einem weit verbreiteten Bedürfnis entgegenkommen, was durch eine Unmasse von Briefen an den Übersetzer – zum Teil rührend ungelenken Schreiben von ganz einfachen, ungelehrten Leuten – bestätigt worden ist.

Der Übersetzer hat sich bemüht, den Gedanken des Verfassers ein möglichst deutsches Gewand umzulegen und hat sich darum nicht gescheut, an einigen Stellen der Übersetzung einer Gedankenreihe Worte aus Goethe, Schiller und Schleiermacher beizufügen, die nach seiner Meinung denselben Gedanken in einer uns vertrauten Gestalt aussprechen.

Dagegen hat er, nicht bloß aus Rücksicht auf jene auch für die neue Schrift erhofften ungelehrten Leser, sondern weil es sich in einem deutschen Buche einfach so gehört, alle Fremdwörter, bis auf drei oder vier, ganz vermieden. Für die Übersetzung der Gedichte muß er freilich um ganz besondere Nachsicht bitten, doch schienen sie ihm für das Buch so bezeichnend, daß er sich nicht entschließen konnte, sie einfach zu unterdrücken.

Marburg a. d. Lahn, September 1905.

Dr. Max Christlieb.

DER GRUNDSATZ

Willst du das ew'ge höhere Leben finden,
Ein Leben überfließend reich und frei,
So laß des ew'gen Geists Gesetz dir künden:
Mit ihm im Einklang schaff' dein Leben neu!

Was soll ich tun, daß mein Leben seine reichsten und besten Früchte bringt? Was soll ich tun, daß ich das wahre Geheimnis der Kraft ergründe? Was soll ich tun, daß ich wahre und bleibende Größe erlange? Was soll ich tun, daß mein ganzes Leben mit Glück, Friede, Freude und Zufriedenheit erfüllt wird, die ebenso reich als bleibend sind, die immer zunehmen und niemals abnehmen und ihm einen nie verlöschenden, immer bezaubernden Glanz verleihen?

Keine Frage ist wohl öfter erhoben worden als diese: Millionen haben in früheren Zeiten so gefragt, Millionen tun es heute, und Millionen, heute noch ungeboren, werden in Zukunft so fragen. Ist es möglich, diesen unzähligen Fragen eine Antwort zu geben? Und ist es auch dir, lieber Leser, um eine solche Antwort zu tun? Schon daß du in diesem Büchlein, das du wohl wegen seines Titels in die Hand genommen, bis hierher gelesen hast, zeigt, daß du zu jenen Millionen gehörst, die so fragen.

Unsere Frage ist nur ein anderer Ausdruck für die andere große Frage, die durch alle Jahrhunderte geht: Was ist das *höchste Gut* im Leben? Ungezählte Tausende hätten ihr Hab und Gut für eine sichere und befriedigende Antwort gegeben. Wenn wir eine solche fänden, so wäre die Zeit, die wir zusammen darauf verwenden, sicherlich die am wertvollsten und reichsten ausgenützte Zeit unseres Lebens.

Nun, ich sage dir: *Es gibt eine Antwort*. Folge meinen Ausführungen ganz genau, und damit wir recht sicher gehen, prüfe jeden Schritt, wenn du willst: aber sage mir am Ende, ob du meine Antwort nicht wahr und zufriedenstellend findest.

Es gibt eine große, einfache Regel: Wenn du diese festhältst und zur obersten Richtschnur deines Lebens machst, nach der alles andere sich ordnen und richten muß, dann wird dein Leben eine Kette von Erfolgen, wahrhaft groß und wahrhaft glücklich sein, und alle werden dich lieben und segnen – genauso weit, als du diese Regel in die Tat umgesetzt hast. Wenn alle Menschen ihr folgten, so würde diese alte Welt, in der wir leben, die wunderbarste Verwandlung erfahren, und zwar in der denkbar kürzesten Zeit. Auf die Erfüllung dieser Regel hat die Welt von jeher gewartet. Sie würde die Dunkelheit und Verzweiflung, die heute so unzählige Leben verdüstert, in Licht, Hoffnung und Zufriedenheit verwandeln, und man könnte nicht länger sagen, was heute leider noch nur zu wahr ist, daß der Mangel an wahrer Menschlichkeit schuld ist an tausend Tränen. Das Leben der feinen Weltdame, die heute Tag und Nacht ausschließlich damit verbringt, ihrem Vergnügen nachzujagen, würde von einer solchen Flut wahrer und echter Freude und Zufriedenheit durchströmt werden, daß das ärmliche Gefühl, das sie bisher so genannt, davor erblaßte. Es würde ihr klar, daß sie noch nie wahre Freude erlebt, und daß, was sie bisher dafür gehalten, nur geringes Metall neben echtem Gold, nur ein Stück Glas neben dem seltensten Diamanten ist. Bisher hat sie die arme Frau, die ihre Treppe kehrt, kaum eines Blickes gewürdigt, obwohl diese viel-

leicht, bei Lichte besehen, ein viel edleres Leben führt
und für die Welt viel mehr wert ist als sie selbst: Jetzt
würde sie erkennen, daß auch diese arme Frau als
Kind desselben Vaters ihre Schwester ist. Das demü-
tige Leben dieser armen Frau selber erschiene, wenn
unsere Regel allgemein befolgt würde, gerade in seiner Demut schön, glücklich und süß. Wir hätten ein
Volk von Staatsmännern, statt wie es jetzt mit ganz
wenig Ausnahmen der Fall ist, von bloßen Politikern,
die auf Kosten des allgemeinen Wohls jeder nur an
seinen eigenen Vorteil denken. Die Erfüllung jener
Regel würde die schweren sozialen Aufgaben, denen
wir uns gegenübersehen, ihrer Lösung weit, sehr weit
näher bringen: mit einem Wort, jeder Mann würde
ein Fürst, jede Frau eine Königin.

Ich habe gesehen, welche Fülle von Glück ein Leben erfüllt, in dem diese Regel verwirklicht ist. Vorher schien es wenig Inhalt zu haben, und die Stunden
dehnten sich endlos, weil sie keinen Inhalt hatten, der
wirklich des Lebens wert gewesen wäre; jetzt fliegt
die Zeit dahin, denn das Leben ist unter dem neuen
Einfluß verwandelt und verschönert, fein und stark
zugleich, nützlich und wertvoll geworden. In den
wohlhabenderen wie in den ärmeren Ständen leben
unzählige ein solch inhaltloses Leben, die unter dem
Einfluß dieser großen und einfachen Regel ihr Leben
mit so viel innerem Wert, Reichtum und Glück erfüllen könnten, daß es nur noch den einen Mangel hätte:
zu kurz zu sein, und daß sie nicht mehr begreifen
könnten, wie sie so lang auf falschen Wegen gegangen

sind. Denn das ist sicher: Weitaus der größte Teil der Menschen sucht das Glück auf falschem Wege, die meisten freilich nicht mit Willen und Absicht, sondern einfach, weil sie den rechten Weg nicht kennen.

Wir gehen aus von der Tatsache, daß es Menschen gegeben hat und noch gibt, die ein großes, wirkliches und glückliches Leben führen. Oft und viel habe ich das Leben solcher Menschen sorgfältig geprüft, um herauszufinden, wodurch es so geworden ist: und in *jedem einzelnen Falle* habe ich herausgefunden, daß dies durch jene große Regel geschehen ist. Ebenso habe ich herausgefunden, daß in dem Leben anderer Menschen alle erdenklichen Versuche, es so zu gestalten, mißlungen sind, weil jene Regel nicht befolgt wurde, und weiter, daß es niemals vorgekommen ist, daß ein Leben, das nach ihr gelebt war, nicht so vollkommen gewesen wäre.

Wir wollen nun die Antwort auf unsere Frage suchen, sie sorgfältig prüfen, ob sie immer und überall standhält, und wenn sie sich bewährt, uns freuen, daß wir sie gefunden haben, wir wollen sie festhalten, alles auf sie gründen und sie auch anderen mitteilen. Die vier letzten Worte haben uns schon bis zum Eingang, ja schon bis hinein geführt. Lange war der Gedanke herrschend in der Welt, daß alles sich um das eigene Ich dreht, daß man Erfolg, Größe, Glück nur dann erlangt, wenn man ausschließlich an sein eigenes Ich denkt. Aber das war ein großer und unseliger Irrtum, das gerade Gegenteil des Richtigen und Wahren, das vielmehr in dem großen unwandelbaren

Gesetz ausgesprochen ist: *wer sein Leben verliert im Dienste des Nächsten, der wird es finden*, oder ausführlicher: Je mehr wir von unserem Leben für andere verwenden, desto voller und reicher, desto höher und größer, desto schöner und glücklicher wird es. Wie Emerson, jener hohe und feine Geist sagt: Unser Leben wird erhalten dadurch, daß wir es großherzig hergeben.

Damit ist eine der größten Wahrheiten und der höchsten Regeln praktischer Sittlichkeit ausgesprochen, die die Welt bis jetzt kennt. Wenn wir es mit *einem* Wort ausdrücken wollen: es ist der *Dienst*, nicht für das eigene Ich, sondern für das fremde. Aber wir werden gleich sehen, daß unsere Liebe, unser Dienst, unsere Hilfsbereitschaft für andere unweigerlich zu uns zurückkommen, und zwar nach einem unwandelbaren Gesetz hundertfach, tausendfach, millionenfach verstärkt.

Der Meister aller Lehrer, der vor vielen Jahren fern im Osten zwischen Hügeln und Seen das Volk um sich versammelte und ihm jene hohen, von oben stammenden Wahrheiten über Leben und Bestimmung des Menschen predigte, Jesus Christus, hat genau dasselbe gemeint, wenn er so oft sagte: Wer unter euch groß werden will, der soll euer Diener sein (Mark. 10,43). Sein ganzes Leben war die Verkörperung dieser Regel oder Wahrheit mit dem Erfolg, daß jetzt sein Name über alle Namen in der Welt ist. Mit diesem Namen ist für uns unauflöslich verknüpft die Arbeit seines Lebens: die Kranken zu heilen, die Nackten zu kleiden, die zerbrochenen Herzen aufzurichten, die Schwachen und Strauchelnden zu stützen, die Armen und Notleidenden zu trösten und zu stärken, die Stolzen, Eitlen und Selbstsüchtigen aber zu strafen und durch das alles die Menschen zu lehren, daß sie die Gerechtigkeit, die Milde und den Dienst lieben und für ihr höheres, göttliches Selbst leben sollen, so wie er gelebt hat. So hat er diese oberste Regel aller tätigen Sittlichkeit den Menschen gegeben und dazu geholfen, daß sie an ihr festhalten und nach ihr leben können. »Wer unter euch groß werden will, der soll euer Diener sein«: das heißt, wer wirklich groß werden und als groß gelten will, der kann das nur als Diener. Und wer ist ein Diener? Einer, der Dienste leistet. Und wem? Sich selber? Nein! Anderen? Ja! Wenn man von dem Wort »Diener« das wegdenkt, was gewöhnlich damit verbunden wird, die abhängige Stellung, und es in seinem wahren und tiefen Sinne faßt, dann ist es die höchste Bezeichnung, die unsere Sprache kennt. Und in diesem Sinne war jedes wirklich große und glückliche Leben das eines Dieners, und kein wirklich großes Leben *war je anders oder kann je anders sein.*

Ihr, die ihr Einfluß, hohe Stellung, Glück, Zufriedenheit auf dem hergebrachten Wege sucht, haltet einen Augenblick still, erkennet, daß ihr auf falscher Spur seid, erfasset diese große ewige Wahrheit, haltet sie fest – und ihr werdet sehen, daß ihr auf diesem Weg zehnmal schneller vorwärts kommt. Wollt ihr euch einen Namen machen? Dann ergreift diese

machtvolle Wahrheit und gestaltet euer Leben nach
ihr – sonst werdet ihr einst, wenn die große Zeitenuhr
schlägt und alles in der Welt an seinen richtigen Platz
kommt, den es verdient – was unfehlbar einmal eintritt –, mit Erstaunen erkennen, wie niedrig, wie er-
bärmlich niedrig die Stellung ist, die euch wirklich
zukommt. Euer Name und Gedächtnis wird lange
vergessen sein, ehe der Zeiger auch nur eine Minute
auf dem großen Zifferblatt der Zeit durchlaufen hat.
Euer Nächster aber, der diese große und allnotwen-
dige Wahrheit erfaßt hat und im Einklang mit ihr sich
selbst im Dienste anderer vergißt, der sein Leben zu
einem Teil von hundert oder tausend oder Millionen
anderer Leben macht und es dadurch ins Unbegrenzte
verstärkt und vergrößert, statt daß er, wie ihr, in
seinem kleinen Ich befangen bliebe, der wird höher
und höher steigen, bis er unter den ganz wenigen
Großen steht, und wird Frieden, Glück, Zufriedenheit in so reichem und herrlichem Maß finden, daß
damit verglichen das, was ihr so nennt, elend und
ärmlich erscheint. Und wenn sein Leben auf Erden
endet, so lebt er im Geist und Herzen seiner Mitmenschen weiter wie die ewigen Sterne.

Unmittelbar aus der großen, eben aufgestellten Regel folgt ein anderer Satz, den man so fassen könnte:
Es gibt keine Möglichkeit, wahres Glück auf die
Weise zu erlangen, daß man unmittelbar danach
strebt. Wenn es überhaupt kommt, so muß es mittelbar kommen, in dem Dienst, in der Liebe und in dem
Glück, die wir anderen gewähren. Und ganz ebenso

gibt es keine Möglichkeit, wahre Größe auf die Weise zu erlangen, daß man unmittelbar danach strebt. Ausnahmslos ist sie von jeher nur auf dieselbe mittelbare Weise erreicht worden, und es ist nicht wahrscheinlich, daß dieses ewige Gesetz gerade zu meinen oder deinen Gunsten eine Ausnahme erleidet. Darum erkenne das ganz und gestalte dein Leben im Einklang mit ihm – dann wirst du die Früchte deines Gehorsams ernten. Wenn du es nicht erkennst, so wirst du dafür büßen müssen; das Gesetz selbst aber bleibt unwandelbar.

Die Menschen, die wir wirklich verehren, gehören ausnahmslos zu denen, deren Leben auf diese große Regel gegründet war. Ja, man kann das Leben jedes wirklich großen Menschen in der Weltgeschichte, von den Lebenden sowohl als von denen, die man tot nennt, prüfen – man wird in jedem einzelnen Fall erkennen, daß es im Dienste anderer gelebt worden ist, sei es unmittelbar, sei es mittelbar in dem Sinne, wie wir sagen, es dient einer seinem Volke. Wenn ein Mensch nach Ansehen, Ruhm, Ehre, Glück strebt und sie unmittelbar und in selbstsüchtiger Absicht erlangen will – so erlangt er niemals etwas, was wirklich so zu heißen verdiente. Vielleicht sieht es eine Zeitlang so aus, als ob er diese Güter erlangt hätte, aber ein festes Gesetz bestimmt: bis hierher und nicht weiter, und früher oder später – meist aber recht früh – schwindet dieser falsche Schein.

Die menschliche Natur selber scheint so veranlagt zu sein, daß ein scheinbar sich selbst widersprechendes Gesetz ihr folgendes vorschreibt: Wenn ein Mensch nur an sich denkt und nur für sich lebt, irgend eine Stellung oder eine Bevorzugung oder eine Anerkennung zu haben wünscht, so genügt die bloße Tatsache, daß er so selbstsüchtig ist, zum Beweis, daß er das Gewünschte nicht verdient, und er wird allgemein zurückgewiesen. Wer aber sich selbst vergißt und an all solche Dinge gar nicht denkt, sondern es sich zur Hauptaufgabe macht, anderen zu helfen, beizustehen und ihnen zu dienen, der zeigt eben dadurch, daß er groß genug und würdig ist, all diese Dinge zu bekommen, und seine Nebenmenschen gewähren sie ihm ganz von selbst. Dieses Gesetz ist außerordentlich bedeutsam, und es zu kennen wäre vielen Leuten höchst heilsam. Daß es wahr ist, zeigt sich schon darin, daß ein Held ganz allgemein und ganz von selbst gerühmt und gepriesen wird, aber wer hat je gehört, daß ein Mensch als Held gegolten hätte, weil er etwas für sich selbst getan hat? Nein, immer nur deshalb, weil er etwas für andere getan hat. Denkmäler und Bildsäulen werden immer nur denen errichtet, die anderen geholfen oder gedient haben, niemals solchen, die nur für sich selber lebten.

Ich habe viele Denkmäler und Bildsäulen von großen Menschenfreunden gesehen, aber noch niemals eins, das einem Geizhals errichtet worden wäre; viele für edle und milde Männer, aber keins für einen bloßen Profitmacher, der halb blödsinnig alles an sich zog und festhielt, was er erraffen konnte. Ich habe manche Denkmäler von Staatsmännern gesehen – ich

meine wirkliche Staatsmänner –, aber keine von bloßen Politikern, manche von wirklichen Rednern, aber
keine von bloßen Demagogen, viele von Soldaten und
Heerführern, aber keine von Menschen, die nicht
bereit waren, ihr Leben im Dienst ihres Vaterlandes
zu opfern. Es liegt vor aller Augen, daß Denkmäler
und Bildsäulen nur solchen errichtet und daß Anerkennung und Ruhm nur solchen Menschen zuteil
werden, die so groß waren, daß sie sich selber im
Dienst der anderen vergessen konnten, die wirklich
der Menschheit gedient und in Wahrheit sich dem Gesetz unterworfen haben, daß wir unser Leben finden,
wenn wir es verlieren im Dienste anderer. Ihr Wahl-
spruch war: nicht Ehre für uns selber, sondern Dienst
für andere. Aber, so seltsam und so wunderbar es ist,
der Erfolg dieses Wahlspruches ist immer: Ehre für
uns, eben durch den Dienst für andere.

Es wäre von höchstem Interesse, wenn man die
Wahrheit dessen, was wir eben gesagt haben, an dem
Leben einer Anzahl von solchen Männern oder
Frauen prüfen könnte, die die Welt zu den wahrhaft
Großen rechnet, die sie preist und verehrt; wenn man
erforschen wollte, was das ist, worauf sie ihr Leben
gegründet haben, und was sie so groß gemacht hat.
Wir müssen uns begnügen, aus diesem glänzenden
Kreise nur einen oder zwei Namen herauszugreifen.

Da steht vor mir das Bild jenes Mannes, dessen
Geburtstag, wie ich voraussage, sehr bald ein natio-
naler Festtag sein wird. Keiner ist größer als er, sein
Lob singen und sein Andenken ehren und segnen

Millionen Menschen in der ganzen Welt, und Millionen, die heute noch ungeboren sind, werden ihnen folgen: das Bild unseres geliebten heiligen *Lincoln.* Warum hat er diese Stellung? Ein Wort von ihm sagt uns, wo der Grund liegt. In jener berühmten Reihe von öffentlichen Verhandlungen, die er 1858 mit Stephan A. Douglas in Illinois geführt, sagte dieser: »Es macht mir nichts aus, ob die Staaten für oder gegen die Sklaverei stimmen, es kümmert mich nicht im geringsten.« In seiner Antwort sagte Lincoln so recht aus der Fülle seines großen königlichen Herzens mit Bewegung: »Leider ist mein Freund Douglas so veranlagt, daß er die Peitsche gar nicht spürt, wenn sie den Rücken eines anderen trifft.« Nie dachte er an sich, in jenen vier Millionen Schwarzen erkannte er Brüder, denen er zu dienen hatte.

Geradezu komisch würde es klingen, wenn man das Wort »selbst-isch« in einem Atem mit dem Namen dieses Mannes aussprächte. Schon früh, und als er noch in ganz niedriger Stellung war, erfaßte er bewußt oder unbewußt jene hohe Wahrheit, und indem er es zur durchgehenden Regel für sein Leben machte, seinem Nächsten zu helfen, schlug er damit gerade den Weg ein, auf dem er einer der größten Söhne unseres Volkes, »unser älterer Bruder mit dem königlichen Herzen«, geworden ist. Er hat nie eine Sekunde darauf verwandt, Größe, Volkstümlichkeit, Macht, Unsterblichkeit für seinen Ruhm oder sein Andenken zu erstreben: er hat immer nur gefragt, wie er jemand helfen, wie er seinem Nächsten dienen könne, und hat dann rastlos getan, was zu tun war.

Er hat einfach sein Leben in Einklang mit jener großen Regel gebracht: dadurch aber hat er das beste, ja das einzige Mittel ergriffen, das mittelbar zu erlangen, was Unzählige unmittelbar erstreben und doch mit Schmerzen sich immer entschwinden sehen.

Ich denke in diesem Zusammenhang noch an einen anderen Mann, der die ganze Menschheit geliebt hat, den aber auch die ganze Welt liebt und freudig ehrt, Henry Ward *Beecher*. Vor kurzem erzählte mir seine Frau einige Züge aus dem Leben des großen Brooklyner Predigers. Während sie gerade von solchen Dingen sprach, von denen jetzt und hier die Rede ist, kam ihr Nachbar, ein älterer Mann, ins Zimmer und brachte etwas, das er auf Beechers Grab gefunden hatte. Es war am Tag nach dem amerikanischen Totenfest. Er erzählte folgendes: Als der große Zug mit Musik, mit Wagen voll duftender Blumen und prächtig in der Sonne flatternden Fahnen in den Kirchhof einbog, fiel dem Torwart eine ärmlich aussehende Frau mit zwei Begleiterinnen durch ihre Aufgeregtheit auf. Er sah ihr eine Weile zu und gewahrte, wie sie einer ihrer Begleiterinnen etwas gab, das sie bisher verdeckt hatte: diese trat aus dem Zug heraus, ging zum Grabe Beechers hin und legte es liebevoll darauf. Andächtig stand sie einen Augenblick still, dann trat sie zu ihren Begleiterinnen zurück, die mit gesenktem Haupt am Wege gewartet hatten. Der alte Mann brachte nun, was er auf dem Grabe gefunden hatte. Es war ein Goldrahmen und darin ein aus einem Buch ausgeschnittenes Gedicht von ungewöhnlicher Schönheit, dessen Zeilen Liebe, Dienstwilligkeit und Selbstaufopferung für das Wohl und die Not anderer atmeten. An einigen Stellen, wo es paßte, war ein Wort mit der Feder ausgestrichen und dafür Beechers Name eingesetzt, wodurch das Gedicht einen noch lebendigeren und liebevolleren Sinn erhielt. Am Ende war hingeschrieben: »Dem unsterblichen Freunde der Juden von einer armen Jüdin.« Kein Name – aber genug, um eine ganze Geschichte zu erzählen. Eine arme, geringe Frau, aber eine aus der großen Zahl derer, denen er einmal geholfen oder einen Freundesdienst erwiesen oder Trost gespendet, deren Last er eine Zeitlang mit getragen hatte, ohne wohl je wieder an die Sache zu denken! Wenn wir nun wissen, daß sein ganzes Leben so war, brauchen wir da weiter nach einem Grunde zu suchen, warum alle Welt ihn so freudig ehrt als einen anderen älteren Bruder mit königlichem Herzen? Und wenn wir an diese einfache, schöne und rührende Geschichte denken, wie wahr und lebendig werden da die alten, alten Verse:

> *Wirf dein Brot nur übers Wasser,*
> *Wirf's mit gläub'gem Sinn hinein,*
> *Und es kann in künft'gen Stunden*
> *Einer Seele Retter sein.*
> *Wenn im Grabe still du schlummerst*
> *Unter Tau und Sonnenschein, –*
> *Eine Hand, die du gestärkt hast,*
> *Kann einst Lilien drüber streu'n.*

Unser Freund Henry Drummond sagt in einem seiner schönsten und wertvollsten Büchlein schön und wahr, daß die Liebe das Größte in der Welt ist. Hast du dieses Größte? Du antwortest: Ja. Gut, aber dann frage ich, wie zeigt es sich nach außen? In Gütigkeit, in Hilfsbereitschaft, im Dienst an deinen Nächsten? Wenn das richtig ist, dann hast du die Liebe. Wenn es aber nicht richtig ist, dann fürchte ich, daß das, was du die Liebe nennst, etwas ganz anderes ist und du arg getäuscht bist. Ja, es ist ganz sicher so, denn das ist die unfehlbare Probe auf ihre Echtheit: Wenn die Liebe sich nicht auf diese Weise bewährt, so ist es sicher nicht die wahre. Liebe ist die Statik, Hilfsbereitschaft und Dienst aber sind die Dynamik. Eins ist so notwendig wie das andere, aber das letztere hat mehr Kraft, denn die Handlung hat immer mehr Kraft als die bloße Fähigkeit, und wenn es keine Dynamik gäbe, so könnte man auf die Statik ruhig verzichten. Hilfsbereitschaft, Güte, Dienst sind nur die Ausdrucksformen der Liebe: Sie sind die Liebe in Tätigkeit. Wenn die Liebe sich nicht in solchen Taten zeigt, so ist das ein Anzeichen dafür, daß sie von jener schwachen und kränklichen Art ist, die sich üben, vergrößern und entwickeln muß, um stark, gesund und wahrhaftig zu werden; ohne das bleibt sie etwas Kleines, Schwaches, Unbestimmtes, rein Gefühlsmäßiges, ja, sie ist gar nichts.

Erst kürzlich hörte ich einen der größten Denker und Redner, der zugleich einer der schärfsten Beobachter der menschlichen Verhältnisse ist, seine Überzeugung aussprechen, daß Selbstsucht die Wurzel alles Übels sei. Und in der Tat, wenn es wirklich nur eine einzige Wurzel für alles Übel gibt, dann scheint mir dies die sicherste Wahrheit zu sein. Aber wenn wir auch für jetzt die Frage ganz beiseite lassen, ob es sich wirklich so verhält: Soviel ist sicher, daß, wer nicht über sein Ich hinauskommen kann, seinem Leben den größten Reiz raubt und, was noch schlimmer ist, gerade das zerstört, was er erreichen will. Es ist in der natürlichen Welt ein wohlbekanntes Gesetz: Was nicht gebraucht wird und keinem Zweck dient, das verkümmert. Ebenso ist es auch ein Gesetz unseres eigenen Wesens: Wer sich selbst für das große Ganze der Menschheit unnütz macht, wer sich bloß mit seinem eigenen kleinen Ich beschäftigt, dessen Ich wird immer kleiner, und seine feineren, besseren und größeren Eigenschaften, die seinem Leben den Hauptreiz und das größte Glück verleihen, die verkümmern. Ein solcher Mensch lebt fortwährend nur in der Gesellschaft seines winzigen und verkrüppelten Ichs. Wer aber sich selbst vergißt, wer Güte, Hilfsbereitschaft und Dienst für andere zum Inhalt seines Lebens macht, dessen ganzes Wesen wächst und dehnt sich aus, er wird großherzig, gütig, liebevoll, teilnehmend, froh und glücklich, sein Leben wird schön und reich. Denn anstatt allein zu bleiben in einem engen, kleinen Leben, hat er Anteil an hundert, an tausend, an zahllosen anderen Leben, und jeder Erfolg, jede Freude, jedes Glück, das diesen zuteil wird, wird auch sein Teil. Und so kann ein Mensch ein Fürst unter Männern, eine Fürstin unter Frauen werden.

Es ist eine der Grundregeln im Leben: soviel Liebe, soviel Gegenliebe; soviel Liebe, soviel Wachstum; soviel Liebe, soviel Kraft; soviel Liebe, soviel Leben, starkes, gesundes, reiches, überfließendes Leben. Die Welt fängt an zu erkennen, daß Liebe nicht bloß ein unbestimmtes Etwas, sondern eine lebendige Kraft ist, ebenso wie die Elektrizität, nur vielleicht von anderer Art. Dieselbe große Wahrheit begreifen wir allmählich mit Beziehung auf die Gedanken: Gedanken sind Dinge, Gedanken sind Kräfte, die lebendigsten und stärksten, die es in der Welt gibt, sie haben Form, Substanz und Kraft, die Art ihrer Kraft ist bestimmt durch die Art des Lebens, in dessen Organismus die Gedanken erzeugt werden. Wenn also ein Gedanke entsteht, so ist die Sache damit nicht zu Ende, sondern er nimmt Gestalt an, geht als Kraft aus und wirkt auf andere Geister und Leben ein. Diese Wirkung ist bestimmt durch seine Stärke und die Art der vorwiegenden Gefühle; diese Gefühle selbst sind bestimmt durch den Zustand des Menschen im Augenblick der Gedankenerzeugung.

Die Wissenschaft zeigt uns heute die Tatsachen, die sich aus dem Verhältnis des Geistes zum Leib und aus seiner Einwirkung auf ihn ergeben. Bei diesen Versuchen erkennt sie nun auch, daß jede besondere Gedanken- und Gefühlsart besondere Eigenschaften und so auch besondere Wirkungen hat, und dies wird mit wissenschaftlicher Genauigkeit festgestellt und zusammengeordnet. Eine sehr allgemeine Anordnung wäre etwa die in höhere und niedere.

Einige der hervorstechendsten niederen Gefühle oder Gedanken sind Ärger, Haß, Eifersucht, Bosheit, Zorn. Ihre Wirkung, besonders wenn sie heftig sind, besteht darin, daß sie einen giftigen Stoff im Körper erzeugen, oder vielleicht genauer, daß sie einen schädlichen Einfluß ausüben, der die gesunden und lebenfördernden Säfte des Körpers in giftige und zerstörende verwandelt. Wenn jemand zum Beispiel nur für einen Augenblick die Beute eines Zornanfalls wird, so entsteht in seinem Innern etwas, das man wohl als ein körperliches Gewitter bezeichnen kann. Dieser Vorgang macht die normalen und gesunden Säfte des Körpers sauer oder ätzend, so daß sie, statt lebenfördernd zu sein, giftig werden. Wenn ein Mensch sich solchen Zornanfällen eine Zeitlang hingibt, so bringt das früher oder später eine bestimmte Krankheitsform hervor, die eben aus jenem besonderen Geistes- und Gefühlszustand hervorgeht, und diese wird mit der Zeit chronisch.

Wir werden noch herausfinden – wozu wir jetzt schon auf dem besten Wege sind –, daß streng genommen jede Krankheit in verkehrten Geistes- oder Gemütszuständen ihre Ursache hat. Zorn, Haß, Furcht, Mißmut, Eifersucht, Begierde – und ebenso alle milderen Formen solcher verkehrter Zustände haben jedes eine besondere vergiftende Wirkung und bringen eine ihnen eigentümliche Krankheit hervor, denn alles Leben geht von innen nach außen.

Die hauptsächlichsten Geistes- und Gemütszustände der anderen, höheren Art sind Liebe, Teilnahme, Wohlwollen, Güte und Frohsinn. Sie sind die natürlichen und normalen Zustände des Menschen, und wenn man beständig in ihnen lebt, so haben sie eine gesunde, kräftige, reinigende und lebenfördernde Körpertätigkeit zur Folge – das gerade Gegenteil jener früher beschriebenen Wirkungen. Und wenn solche Kräfte in Tätigkeit gesetzt werden, so arbeiten sie jenen schädlichen Einflüssen entgegen und beseitigen sie. Ebenso ist ihre Wirkung auf die Züge des Menschen und seinen Gesichtsausdruck bekannt und fast ohne Grenzen: sie bringen diese zu der höchsten Schönheit, deren sie fähig sind. So viel von den Wirkungen unserer Gedanken auf uns selber. Aber noch ein Wort über ihre Wirkungen auf andere.

Die Gedankenkräfte, die in uns die vorwaltenden sind, bestimmen die geistige Atmosphäre, die wir um uns schaffen, und alle, die in ihren Wirkungskreis kommen, werden so oder so von ihnen beeinflußt. Vielleicht empfangen sie nicht immer gerade die Gedanken selbst, aber jedenfalls erfahren sie irgendwie die Wirkung der Gefühle, die uns im Augenblick jenes Denkens beherrschten. Und je sensitiver ein Mensch angelegt ist, desto stärker empfindet er diese Atmosphäre; ja, manchmal spürt er die Gedanken selber. So geht auch hier das alte Wort in Erfüllung: »Es ist nichts verborgen, das nicht offenbar würde« (Luk. 8,17).

Wenn die Gedankenkräfte, die wir aussenden,

Haß, Eifersucht, Bosheit, Tadelsucht, Krittelei oder Spott sind, so erregen sie dieselben Kräfte in anderen und deren Wirkung kommt auf uns zurück. Und damit nicht genug: auch unser eigener Geist wird dadurch wieder beeinflußt und durch ihn wieder unser körperliches Befinden: so daß also, selbst wenn wir nur an unser eigenes Wohl denken wollten, nichts kostspieliger, schädlicher und zerstörender ist, als sich solchen Gedanken und Gefühlen hinzugeben.

Wenn aber die von uns ausgesandten Gedankenkräfte Liebe, Teilnahme, Güte, Frohsinn und Wohlwollen sind, so erregen auch sie dieselben Kräfte in anderen und deren Wirkung kommt ebenfalls auf uns zurück, und wir fühlen ihren wohltuenden, veredelnden, erwärmenden und belebenden Einfluß. Und so können wir wieder sagen: Selbst wenn wir nur an unser eigenes Wohl denken wollten, so wären solche Gedanken das Wünschenswerteste, Wertvollste und Lebenförderndste, was es gibt. So kommt also von anderen genau das zu uns zurück, was wir zu ihnen aussenden und damit in ihnen wachrufen.

Wollen wir, daß die ganze Welt uns liebt, so müssen wir zuerst die ganze Welt lieben – das ist also eine rein wissenschaftliche Tatsache. Woher kommt es, daß von einem kleinlichen, nur an sich denkenden, selbstsüchtigen Menschen jedermann sich abwendet und ihn vermeidet, während alle Welt ganz von selbst den großherzigen, den gutherzigen, den liebevollen, den edelmütigen, den teilnehmenden, den tapferen liebt und seine Gemeinschaft sucht? Die bloße Antwort: weil der eine so, der andere so ist, genügt nicht. Es muß einen tieferen, wissenschaftlich nachweisbaren Grund geben.

Vieles ist gesagt und geschrieben worden über das, was manche persönlichen Magnetismus genannt haben, was aber, wie es ja meist mit solchen Dingen geht, heute noch recht wenig verstanden wird. Nach meiner Meinung ist persönlicher Magnetismus – in seinem richtigen Sinne genommen und darum wohl zu unterscheiden von dem, was man rein tierischen Magnetismus nennt – nichts anderes, als eben die Gedankenkräfte, die ein groß- und gutherziger, edelmütiger, liebevoller und teilnehmender Mensch aussendet. Oder hat jemand schon etwas davon gehört, daß starker persönlicher Magnetismus sich bei einem kleinlichen, niedrigdenkenden, rachgierigen, selbstsüchtigen Menschen gefunden hätte? Ich behaupte, daß das niemals der Fall gewesen ist, sondern daß es sich immer um jene guten Menschen gehandelt hat.

Nun, es gibt nichts, das dieser wunderbaren, umwandelnden Kraft der Liebe widerstehen könnte. Man kann mich nicht tadeln, wenn ich einen Feind habe, aber man muß mich tadeln, wenn er mein Feind bleibt, vollends nachdem ich jene Kraft kennen gelernt habe. Wenn ich einen Feind habe, so will ich mich deshalb weigern, unbedingt weigern, ihn überhaupt als Feind gelten zu lassen, und statt gegen ihn solche Gedanken zu hegen und solche Kräfte auszusenden, wie er gegen mich, will ich bloß Gedanken voll Liebe, Teilnahme, brüderlicher Güte und Groß-

mut aussenden. Es wird nicht lange dauern, bis er das
fühlt und davon beeinflußt wird. Weiter will ich jede
Gelegenheit benutzen und, so oft ich kann, ihm irgend etwas Gutes tun, auch wenn es mich einige
Arbeit kostet. Solchen Kräften kann er nicht widerstehen, und allmählich wird derselbe Mensch, der
heute mein bitterster Feind ist, mein wärmster Freund
und vielleicht mein unermüdlichster Helfer werden.
Der Mann ist weise, der durch jene wunderbare Al-
chemie der Liebe den Feind in einen Freund, den
bittersten Feind in den wärmsten Freund verwandelt.
Das ist es sicherlich, was der Meister gemeint hat,
wenn er sagt: »Liebet eure Feinde, tut wohl denen, die
euch hassen; segnet die, die euch verfluchen« (Luk.
6,27.28), und sein großer Jünger, wenn er hinzufügt:
»Wenn du das tust, so wirst du feurige Kohlen auf
sein Haupt sammeln« (Röm. 12,20). Ja, du wirst sein
Herz schmelzen, denn dieser Kraft kann er nicht widerstehen.

Du kannst nicht wissen, was dein Denken wirket,
Ob Haß, ob Lieb' es dir zurück wird bringen.
Gedanken sind lebendig; schneller tragen
Sie ihre Flügel, als den Aar die Schwingen.
Des Weltalls großen Ordnungen gehorchend
Erschaffen sie beständig ihresgleichen,
Und was von deinem Geiste ausgegangen,
Das eilen sie rückkehrend dir zu reichen.

Wozu der Naturforscher, ja ganze Reihen von Forschern ihr ganzes Leben brauchen, um es zu entdecken und zu beweisen, das erlangten jene durch die direkte Berührung der Offenbarung in einem Augenblick, indem sie ihr Leben mit jenen höchsten Gesetzen des Seins in Übereinstimmung brachten.

DIE ANWENDUNG

Suchst wahre Größe du, o Bruder mein,
    Wenn Jahr' und Tage rasch vorübertreiben,
So such sie nicht direkt, nicht für dein Ich,
    Sonst wird sie nimmer kommen, nimmer bleiben.
Vergiß dein Ich! Bedenke: nur dem Helden,
    Doch nie dem Selbstling wird man Kränze winden!
Verlier' dein Leben in des Nächsten Dienste –
    Und groß und herrlich wirst du's wiederfinden.

Ist es dein Ehrgeiz, auf einem bestimmten Gebiete groß zu werden, Ruhm und Ehre und damit Glück und Zufriedenheit zu erwerben? Ist es zum Beispiel dein Ehrgeiz, ein großer *Redner* zu werden, große Menschenmassen zu ergreifen und ihren Beifall und ihr Lob zu hören? Dann bedenke, daß noch nie ein großer Redner gelebt hat und keiner leben wird, ja keiner leben kann, der nicht einen großen *Zweck* vor sich, eine große Sache hinter sich hat. Du kannst in den besten Schulen und Universitäten die Redekunst studieren, bis du alles erschöpft hast, was im Vaterland zu lernen ist, du kannst in andere Länder gehen und dort lernen, bis dein Haar grau wird – das alles wird dich *niemals* zu einem großen Redner machen. Du kannst ein Demagog werden, und wenn du selbstsüchtig genug bist, so wirst du es sicher, denn das eben ist's, was ein großer Demagog sein muß – aber es gibt kaum ein verächtlicheres Wesen als einen großen Demagogen, und je größer er ist, desto verächtlicher ist er. Wenn du aber jenen großen Grundsatz nicht erfassest und festhältst, wirst du niemals ein großer Redner werden.

Denke an die großen Redner der Weltgeschichte, an Demosthenes: Ihr Athener, zieht gegen Philipp, euer Land und Volk wird unterworfen werden, wenn ihr ihm jetzt nicht treu dient – an Männer wie Philipps und Gough: Wendel Philipps, den Redner gegen den Sklavenhandel, John B. Gough, den Redner gegen eine noch viel härtere, bitterere und verwerflichere Sklaverei, in der nicht etwa bloß der Leib gefesselt,

Seele und Geist aber frei sind, sondern wo Leib, Seele und Geist in Ketten schmachten. Denk an solche Männer: dann siehst du den großen *Zweck*, der vor ihnen steht, und die große *Sache*, der sie *dienen*.

Ein Mensch, der nicht über sein eigenes Ich, über seine Bereicherung und seinen Vorteil hinaussehen kann, der kann nicht anders als kleinlich und selbstsüchtig sein und muß überall seine Beschränktheit offenbaren. Wessen Leben aber dem Dienst anderer und der Selbsthingabe geweiht ist, der ist frei von allen Schranken, denn er stellt sich dem ganzen *Weltall* zur Seite, und das verleiht ihm die mächtige Kraft als Redner, die ihm nichts anderes sonst geben kann. Ein solcher Mann schwingt sich wie auf Engelsflügeln empor, und die Natur selbst scheint ihm Kräfte zu schenken zur Erreichung seiner Zwecke, die großen Wahrheiten, die er ausspricht, finden den nächsten Weg zu Geist und Herz seiner Hörer und bewegen diese und schaffen sie um. Wer bloß Einzelheiten an die Menschen hinspricht, der ist noch kein Redner: ein solcher ist nur der, der Geist und Herz seiner Hörer nach den Formen der allgemeinen und ewigen Wahrheit umschafft und sie dann in einer bestimmten Richtung zur Tätigkeit vorwärts bewegt.

Wie völlig Webster diese Wahrheit eingesehen hatte, geht aus seiner kurzen, aber kraftvollen Erörterung der Beredsamkeit klar hervor. Wir wollen einige Sätze daraus anführen. »Wahre Beredsamkeit besteht nicht bloß im Reden ... Man kann Worte und Redensarten auf die verschiedenste Weise zusammensetzen, aber damit ist das Wesen der Beredsamkeit noch nicht erschöpft ... Geheuchelte Leidenschaft, großartige Ausdrücke, die Pracht des Vortrags – all das mag Beredsamkeit heißen wollen, aber es verdient den Namen nicht ... Wenn das Leben der Zuhörer und das Schicksal ihrer Frauen und Kinder und ihres Vaterlandes davon abhängt, wie sie sich in einem bestimmten Augenblick entscheiden, dann können sie durch die in der Rednerschule erlernten Künste der Eleganz und des wohlangebrachten Redeschmucks nur empört und angeekelt werden. Dann verlieren leere Worte ihre Kraft, bloße Redekunst wird eitel und jede ausgeklügelte Beredsamkeit verächtlich. Sogar der Genius fühlt in solcher Stunde seine Unzulänglichkeit und scheut die Gegenwart höherer Mächte. Dann macht allein Vaterlandsliebe und Selbsthingabe beredt. Das klare Erfassen, das stärker ist als alle logischen Schlußfolgerungen, der große Zweck, der feste Entschluß, der furchtlose Sinn, der durch den Mund spricht, aus dem Auge leuchtet, alle Züge belebt und den ganzen Mann vorwärts treibt, geradeswegs auf sein Ziel hin – das ist Beredsamkeit.« Es ist bezeichnend, welche Dinge hier vornehmlich genannt sind: Selbsthingabe, Vaterlandsliebe, großer Zweck – all das kennt ein selbstsüchtiger Mensch nicht und noch weniger kann er seine Beredsamkeit befeuern.

Natürlich gibt es auch Dinge, die der Redner lernen kann. Ungezwungene Bewegungen des Körpers, Ausbildung der Stimme und anderes, das dazu beiträgt, daß die Seele sich vollkommen aussprechen kann und an der Aussprache nirgends gehindert ist, wie das so oft bei öffentlichen Rednern zu Tage tritt: das sind alles wertvolle, ja wichtige und unentbehrliche Dinge, wenn einer das Höchste erreichen will; und wer weise ist, der sieht das ein. Aber an sich sind es nur Kleinigkeiten, verglichen mit jenen größeren, machtvolleren und wesentlichen Eigenschaften.

Ist es dein Ehrgeiz, ein großer *Staatsmann* zu werden? Dann denke vor allem an den Inhalt des Wortes Staats-Mann: es bezeichnet einen Mann, der sein Leben dem Dienste des Staates weiht. Und du wirst wissen, daß das nur ein anderer Ausdruck dafür ist, daß einer sein Leben dem Dienst seiner Volksgenossen weiht; denn was ist ein Land oder ein Staat anders als die Vereinigung seiner einzelnen Bürger? Wer aber nur für sich selbst lebt und das Wohl seines eigenen kleinen Ichs über das Wohl von Tausenden stellt, der kann nie ein Staats-Mann werden, denn ein solcher muß innerlich größer sein.

Rufe dir die größten Staatsmänner der Welt in Erinnerung – lebende oder solche, die man tot nennt – und du siehst sofort, daß jeder von ihnen sein Leben auf diese große Regel gegründet hat und nur genauso weit groß ist und so genannt wird, als dies der Fall ist. Zwei der größten Männer Amerikas, beide von dieser Welt geschieden, würden heute und in Zukunft als noch größer gelten, wenn sie in *einem* Stück ihrer Natur größer gewesen wären. Sie hätten dann die ewige Wahrheit und Wichtigkeit jener großen Regel völliger erkannt und nicht so viel Zeit auf das Streben nach der Präsidentschaftswürde verwendet: und statt daß dieses Streben jetzt in ihrem Leben so deutlich hervortritt, hätten sie sich mehr dem *Dienst* ihres Volkes gewidmet. Jene Würde konnte sie nicht größer machen, aber daß man ihr brennendes und kindisches Streben danach so deutlich sieht, das hat sie weniger groß gemacht. Von den vielen tausend Mitgliedern, die unserer amerikanischen Volksvertretung seit ihrem Entstehen angehört haben, ist es nur eine ganz kleine Zahl, vielleicht kaum fünfzig, also etwa einer auf sechshundert, deren Andenken noch lebendig ist. Aber jeder unter diesen wenigen ist dadurch hervorgetreten, daß er für eine Einrichtung oder einen Grundsatz eintrat, durch den das menschliche Wohl in hohem Grade befördert wurde, und so hat jeder von ihnen in Wahrheit das hohe Amt eines Staatsmannes ausgefüllt.

Das große Übel, unter dem unser Land heute leidet, ist, daß wir so wenig wirkliche Staatsmänner haben. Wir haben ganze Schwärme, ganze Horden von Politikern, aber nur ganz selten finden wir einen, der so groß ist, daß er den Namen eines Staatsmannes wirklich verdiente. Die große Mehrzahl aller Männer tritt heute ins öffentliche Leben, nicht um für das Wohl derer zu sorgen, die sie angeblich vertreten, sondern nur, um sich selbst in dieser oder jener Form zu bereichern.

Am meisten gilt dies von unseren städtischen Verwaltungen. In vielen von ihnen regieren nicht Ehrenmänner, die die ihnen übertragene Gewalt zum Besten des Gemeinwesens verwenden, sondern Spitzbuben, die nur an sich denken und denen alle Mittel zur Erreichung ihrer selbstsüchtigen Zwecke recht sind – manchmal sogar anständige Mittel, wenn sie nur dazu geeignet scheinen. Wir brauchen uns nur umzusehen, um zu wissen, daß dies Wahrheit ist. Die erbärmlichen, schmutzigen und tief beklagenswerten Zustände, die die Lexow-Kommission durch ihre Untersuchungen vor aller Augen aufgedeckt hat, wo haben sie ihre Wurzel? Etwa darin, daß die Ämter der New Yorker Stadtverwaltung in der Hand von Leuten waren, die kein anderes Ziel kennen, als der öffentlichen Wohlfahrt zu dienen? Im Gegenteil, es hat sich gezeigt, daß dort fast nur Männer zu finden sind, die nichts anderes erstreben, als sich selbst zu bereichern. Aber die Zustände sind nicht bloß in unserer größten Stadt derartige, sondern es gibt nur wenig Stadtverwaltungen, die von diesem Übel ganz frei wären. So kann es aber nicht ewig fortgehen. Das amerikanische Volk wird allmählich einsehen, was es freilich schon heute genau wissen könnte, daß, wenn die anständigen Leute – die Bürger im Unterschied von den Roßtäuschern – wirklich zusammenständen, die bekannten schmutzigen politischen »Ringe« ihnen keine vierundzwanzig Stunden länger standhalten könnten. Das Recht, das Gute, das Wahre sind allmächtig, und wenn sie in der vordersten Reihe kämpfen, so ist der Sieg sicher.

Wenn unsere öffentlichen Ämter in den Städten, in den Staaten und der Zentralregierung in die Hand von Männern kommen, die die Menschheit lieben, von wirklich großen Männern, deren Leben auf jene große Regel gegründet ist, dann werden wir von Staatsmännern regiert werden. Diesen ruhmvollen Namen darf man nicht länger entehren, indem man ihn auf jene selbstsüchtigen Spitzbuben anwendet, deren Blick nicht weiter reicht als die politische Rednerbühne. Dann aber müssen gute Männer sich am öffentlichen Leben beteiligen, nicht als Roßtäuscher, sondern als Männer, nicht als Politiker, sondern als Staatsmänner.

Ist es dein Ehrgeiz, ein großer *Prediger* zu werden, oder, um dasselbe mit einem besseren Namen zu bezeichnen, ein großer *Lehrer*? Dann bedenke, daß die größten Lehrer der Welt die gewesen sind, die sich mit völliger Selbsthingabe in den Dienst ihrer Nächsten stellten und sich denen, mit denen sie in Berührung kamen, so vollständig hingaben, daß für ihr eigenes Ich gar kein Raum mehr blieb. Sie haben nicht den Ruhm ihres Namens gesucht, sie haben auch nicht von ihrer besonderen Denkweise eine so hohe Meinung gehabt, daß sie den größten Teil ihrer Zeit mit Streitereien über Glaubenssätze, Bekenntnisse und theologische Fragen verdarben, nur um, wie das leider Gottes so häufig ist, zu beweisen, daß gerade ihr Ich in seiner besonderen Denkweise Recht habe, aber auch, daß ihr höchster Ehrgeiz darauf gehe, daß dies anerkannt werde. Dies ist ein Greuel in den Augen Gottes, davon bin ich fest überzeugt, wenn während dieser so verschwendeten Zeit seine Kinder nach dem Brot des Lebens hungern müssen, und ebenso ein Greuel in den Augen der meisten Menschen. Doch wir wollen dankbar dafür sein, daß die Menschheit jedes Jahr weniger für solche Dinge übrig hat: bald wird die Zeit kommen, wo so etwas allen unerträglich erscheint.

Männer von solcher Art waren es zumeist, die besonders in den ältesten Zeiten des Christentums es dahin gebracht haben, daß der wahre Geist unserer Religion hinter der bloßen Form verschwunden ist. Das Gefäß, in dem man die seltene und göttlich schöne Frucht tragen zu müssen meinte, galt für wertvoller als die Frucht selber. Der Geist, der da lebendig macht, wurde verdrängt durch den Buchstaben, der tötet. Laufe nicht mehr jenen feingesponnenen, von Menschen erdachten Gedanken nach, jenem Zeug – das ist das rechte Wort dafür –, über das wir alle paar Jahre einmal hinauswachsen: wenn wir dann denken, daß wir einmal solche Anschauungen gehegt haben, können wir nur lächeln. Anstatt dir einzubilden, daß du durch so etwas stark werden könntest, sei weise und gehe jeden Tag in die *Stille*: dort verkehre mit dem Unendlichen selber, dort wohne eine Weile mit dem unendlichen Geiste des Lebens: nur auf diesem Weg erlangst du *wahre Kraft*.

Laufe nicht überall herum, um deinen Becher an jenen kleinen stehenden Sümpfen zu füllen, die meist von den Strahlen der niemals untergehenden Sonne der Selbstsucht ausgetrocknet sind! Nein, geh geradewegs zu der großen Quelle und trinke dort von dem Wasser des Lebens, das in Fülle für jeden fließt, der nur hingehen will. Freilich, einen anderen schicken und sich dieses Wasser holen lassen, das kann man nicht.

Also geh in die *Stille* – wenn es auch nur für ganz kurze Zeit ist, vielleicht eine viertel oder halbe Stunde jeden Tag – und tritt dort in Berührung mit der großen Quelle alles Lebens und aller Kraft. *Sende dein ernstes Verlangen nach allem aus, was du begehrst: und alles, was du begehrst, wird früher oder später zu dir kommen, wenn du ihm mit der richtigen Erwartung entgegensiehst.* Alles Wissen, alle Wahrheit, alle Kraft, alle Weisheit, überhaupt alles ist dein, wenn du es auf diesem Wege suchst. Unzähligemal ist das erprobt worden, und kein einziges Mal ist es mißlungen – vorausgesetzt, daß die Beweggründe rein und die Kenntnis des Erfolges klar genug gewesen ist. In vierzehn Tagen kannst du wissen, ob dies wahr ist, wenn du auf dem rechten Wege vorgehst.

Alle großen Lehrer in der Weltgeschichte haben ihre Kraft auf diese Weise erlangt. Du erinnerst dich an Phillips Brooks, den großen Geist, der uns verlassen hat, den treuen, wunderbar mächtigen und wahrhaft gottbegnadeten Prediger an der Trinitykirche. Erst kürzlich unterhielt ich mich mit einer Dame aus seiner Gemeinde über ihn. Sie sprach von seinem reichen und mächtigen Geist und sagte, sie seien sich

47

alle immer bewußt gewesen, daß er eine Kraft besessen habe, die sie sich alle wünschten, aber ohne daß jemand sie wirklich gehabt hätte; daß er eine geheime Quelle der Kraft gekannt haben müsse, die sie immer gesucht hätten, aber ohne sie zu finden. Als unmittelbare Fortsetzung zu dem damit ausgesprochenen Gedanken erwähnte sie im nächsten Satze etwas, das mir genau bekannt war: Jeden Tag habe er sich eine Zeitlang in einen kleinen abgeschlossenen stillen Raum zurückgezogen, die Türe hinter sich geschlossen und unter keinen Umständen jemand zu sich hineingelassen. – Die gute Dame kannte also beides. Sie kannte seine große geistige Kraft und hatte selbst ihre Wirkung verspürt; sie wußte ferner, daß er jeden Tag in die Stille ging: aber es war ihr nie eingefallen, diese beiden Dinge in einen Zusammenhang zu bringen, das erste als Wirkung des zweiten zu erkennen.

Dies ist der Weg, auf dem große geistige Kraft erwächst. Und die Männer, die solche Kraft besitzen, sie sind es, die die Welt bewegen und alles Große in der Welt wirken, ihnen kann keine menschliche Kraft widerstehen. Denke an die großen Prediger oder besser gesagt Lehrer der Welt, vergiß aber dabei nicht, daß ich damit wirklich innerlich religiöse Naturen, nicht Verkündiger von Glaubensbekenntnissen, Dogmen und bloßen Formen meine, die sich ja von jenen wie Tag und Nacht unterscheiden – und du wirst auf zwei große Tatsachen im Leben eines jeden unter ihnen stoßen: erstens auf große geistige Kraft, hauptsächlich hervorgerufen durch viel in der Stille verbrachte Zeit, und dann auf die Tatsache, daß das Leben jedes einzelnen von ihnen auf diesen großen Grundsatz dienender Liebe und Hilfsbereitschaft für alle seine Nebenmenschen aufgebaut ist.

Ist es dein Ehrgeiz, ein berühmter *Schriftsteller* zu werden? Recht so! Aber denke daran, daß du das nur werden kannst, wenn du der Welt etwas zu bieten hast, von dem du wirklich überzeugt sein darfst, daß die Menschheit es braucht, etwas, das ihr voranhilft auf ihrem Weg zur Höhe. Wenn du bloß um des Ruhmes oder des Geldes willen schreiben willst, dann greife lieber gar nicht zur Feder, denn viele Leser wirst du dann nicht haben: wenn's hoch kommt, ein paar Dutzend.

Was ein Schriftsteller schreibt, ist doch in der Hauptsache das Schlußergebnis seines Lebens, seiner Gewohnheiten und Eigentümlichkeiten, seiner Erfahrungen und Pläne. *Mehr als einer ist, kann er auch nicht schreiben.* Über seine Schranken kommt keiner weg: wenn er aber seiner Schriftstellerei kein höheres Ziel setzt als Ruhm und Selbstverherrlichung, so stellt er gerade dadurch die Schranken seines Wesens ins hellste Licht – und sein Ziel erreicht er erst recht nicht. Wer aber deshalb schreibt, weil er das Gefühl hat, daß er der Welt etwas wirklich Notwendiges und Heilsames geben kann, dem wird – vorausgesetzt, daß sein Gefühl richtig und der Unterschied der Begabung nicht zu groß ist – all das in Fülle zuströmen, was jener andere unmittelbar erstrebt und eben deshalb niemals erreicht; denn nur so ist es zu erreichen. *Die Menschheit hat kein Herz für dich, bis du den Beweis erbringst, daß du ein Herz für sie hast.*

Merke dir folgendes aus dem Briefe einer sehr bekannten Schriftstellerin, deren Bücher gleich vom ersten an einschlugen und bis heute alle mit dem größten Beifall aufgenommen wurden. Sie sagt: »Bis vor zweieinhalb Jahren habe ich nie daran gedacht zu schreiben: da erst fühlte ich das Bedürfnis, mir gewisse Gedanken von der Seele zu schreiben, die auf mir lasteten und nach Aussprache verlangten.« Da brauchen wir uns freilich über den Erfolg nicht zu wundern, den ihre Bücher gehabt haben! Sie besaß etwas, von dem sie fühlte, daß die Welt es brauchte, und ohne Gedanken an ihr Ich, an Ruhm oder an Gold gab sie der Welt, was sie besaß. Die Welt nahm es dankbar an und gab ihr zum Dank die beiden Dinge, an die sie nicht gedacht hatte.

Merke dir auch folgenden Satz: »Ich schreibe, weil ich es gern tue, nicht um Geld oder Anerkennung. Geld habe ich genug, und Anerkennung hat im Haushalte des Alls nicht den geringsten Wert. Eine Arbeit, die man um ihrer selbst willen tut, bringt schneller und sicherer ihren Lohn als die, die man bloß ums Geld tut.« Dies ist nur der Ausdruck dessen, was alle großen Schriftsteller sagen oder meinen, wenigstens soweit ich ihre Anschauungen kenne.

Du mußt so groß sein, daß du dein Ich um des Guten und um des Dienstes an der Menschheit willen vergessen kannst: dann bist du im Bunde mit der ganzen Menschheit und kannst ihr etwas geben, das dich ganz von selbst berühmt machen wird. Kannst du nicht so groß sein, dann rühre lieber gar keine Feder an; denn was du dann schreibst, um das wird sich niemand kümmern, oder wenn's einer tut, wird er's bald wieder wegwerfen.

Eine unserer liebenswürdigsten und bekanntesten Schriftstellerinnen sagt von ihren Büchern: »Ich drücke meine Seele auf das weiße Papier.« Und wenn du wissen willst, warum diese Seele auf so viele andere wirkt, so ist die Antwort die: sie ist so groß und zart, so teilnehmend und liebevoll, daß niemand ihr widerstehen kann, denn sie lebt nicht für ihr Ich, sondern für den Dienst an anderen, und so hat ihr Leben Anteil an unzähligen anderen Leben.

Doch werdet ihr nie Herz zu Herzen schaffen,
Wenn es euch nicht von Herzen geht.

Dieses Wort Goethes gilt überall. Sieh dir in einer Bibliothek die Werke der Redner an, die als die berühmtesten und größten gelten: du wirst sehen, daß ihre Verfasser nicht durch das Erlernen der Regeln und Grundzüge der Redekunst in den Stand gesetzt worden sind, ihre Reden zu halten, dadurch ist noch nie jemand ein großer Redner geworden. Nein, was sie waren, das sind sie geworden, weil in ihrer Seele das Feuer einer großen Wahrheit brannte, die die Welt brauchte und die der Menschheit vorwärts geholfen hat, sie waren große Seelen, Seelen voll Liebe zur ganzen Menschheit.

Ist es dein Ehrgeiz, ein großer *Schauspieler* zu werden? Dann bedenke eines: Wenn du es zum Ziel deines Lebens machst, durch dein Spiel Herz und Leben und Schicksal der Menschen zu lenken, dann wird dasselbe Gesetz, das wir vorhin beim Redner tätig sahen, auch für dich in Wirksamkeit treten, dich in Wachstum und Entwicklung fördern und dir helfen, Höhen deiner Kunst zu ersteigen, an die du niemals denken könntest, wenn du nur für dein kleines Ich spielst. Da kannst du vielleicht ein Schauspieler dritten oder vierten, vielleicht auch zweiten Ranges werden, aber niemals einer von den wirklich großen. Ja, wahrscheinlich wirst du es kaum bis zu einer auskömmlichen Stellung bringen; aber eines wirst du dabei lernen: du wirst begreifen, warum so wenige Erfolg haben.

Im anderen Fall – wenn die Bedingungen nur sonst gleich liegen – ist die Höhe unbegrenzt, bis zu der du steigen kannst, sie hängt nur davon ab, wie weit du dich selbst vergessen kannst über deinem Ziel, für andere zu wirken.

Ist es dein Ehrgeiz, ein großer *Sänger* zu werden? Auch hier gilt: wenn du nur an dich selbst denkst, dann singe lieber gar nicht, außer du willst für dich allein singen; sonst wirst du die ewige Sorge um die Zahl deiner Zuhörer niemals los. Wählst du aber diesen Beruf, weil du in ihm der Menschheit wirklich dienen kannst, willst du dich in die Herzen der Menschen hineinsingen, dann wird jenes große Naturgesetz für deine Entwicklung und dein Wachstum wirksam sein. Wenn es dir nicht an Begabung fehlt, so brauchst du dann nicht mehr für dich allein zu singen oder dich um die Zahl deiner Zuhörer zu sorgen; zum ersten findest du selten Zeit mehr, und was die Zahl der Zuhörer betrifft, so wirst du dir höchstens noch darüber Sorgen machen, ob die Stadt, wo du auftrittst, einen Saal besitzt, der groß genug ist, um wenigstens einen Teil aller derer zu fassen, die sich zu deinem Gesang drängen. Denk an Jenny Lind!

Ist es dein Ehrgeiz, eine *Mode- und Gesellschaftsdame* zu werden und sonst nichts, nur auf dein eigenes Vergnügen und deine Zufriedenheit bedacht? Dann halte einen Augenblick still und überlege. In diesem Fall wirst du niemals wahres und echtes Glück finden: du kannst es gar nicht, denn du vergißt dabei das große Gesetz, daß man wahres Glück nie unmittelbar erstreben darf. Und je länger du auf dieser Bahn bleibst, desto ärmer, schaler und ungenügender wird der Ersatz sein, den du an Stelle wahren Glücks erhältst; du raubst deinem Leben den größten Reiz, und was du willst, erreichst du doch nicht. Und wenn du jetzt, in diesem Augenblick, an deine Zukunft denkst, o dann ergreife die Wahrheit des großen Gesetzes, daß du dein Leben nur finden wirst, wenn du es verlierst im Dienste anderer; je mehr du von deinem Leben anderen gibst, desto voller und reicher, desto höher und größer, desto schöner und glücklicher wird dein eigenes Leben.

Wenn du dir ein glückliches Leben verschaffen willst, so baue es auf dem großen Grundsatz des Dienens auf; dann wirst du bekannter, geehrter und gesegneter sein, als eine bloße Gesellschaftsdame sein kann, denn du lebst dann das höchste Leben, das es gibt. Und der Tag wird bald kommen, da du zurücksiehst auf die Leere und Ärmlichkeit deines früheren Lebens und den Augenblick segnest, in dem deine bessere Einsicht dich von ihm losgemacht hat.

Dann wirst du auch nicht tun, was neulich eine Bekannte von mir getan hat. Weil ihr Bedienter zuletzt nicht mehr im Regen neben ihrem Wagen stehen und mit unterschlagenen Armen, unbeweglich wie eine Mumie – fast hätte ich gesagt, wie ein Verrückter – ohne rechts oder links zu blicken nach der sogenannten gnädigen Frau ausschauen wollte, die eine oder zwei ganze Stunden ausbleibt, weil sie eine Viertelstunde lang einzukaufen hat, dabei aber aller Welt zeigen will: dies ist der Wagen von Frau X. und dies ist ihr Bedienter – deshalb entließ sie ihn! Du wirst das nicht tun, sondern ihm, wenn's nötig ist, einen Regenschirm geben und ihn zum Helfen mitnehmen, wenn du ausgehst, um die unzähligen Armen und Bedürftigen zu besuchen, die dich brauchen und denen du freigebig, gütig, heiter und hilfsbereit dienen wirst.

Kann es einen größeren Unterschied geben als die zwei Bezeichnungen: »Frau Mildtätigkeit« und »eine hochmütige, selbstsüchtige und vergnügungssüchtige Frau«? Und was meinst du, kann es einen größeren Unterschied geben, als die Art und den Grad von

Freude, Glück, Zufriedenheit, den diese beiden Frauen erleben?

Ist es dein Ehrgeiz, *große Reichtümer aufzuhäufen*, um dadurch einen großen Namen und zugleich Glück und Zufriedenheit zu erlangen? Dann bedenke, daß die Frage, ob du diese Güter erlangst oder nicht, ausschließlich davon abhängt, welchen Gebrauch du von deinem Reichtum machst! Wenn du ihn als ein Gut betrachtest, das dir persönlich anvertraut ist, um es für das Wohl der Menschheit zu verwenden – dann ist's gut, dann wirst du sie erlangen. Wenn du aber nichts anderes im Auge hast, als Reichtümer zu sammeln und aufzuspeichern, dann wirst du nichts davon haben und dein Leben so unbefriedigt bleiben, als es nur sein kann.

Dinge, greifbare Dinge können nichts Großes an sich sein: die Größe beruht auf der Anwendung. Die einzige *wirkliche* Größe in der Welt ist selbstlose Liebe und aufopfernder Dienst am Nächsten.

Denke nur einen Augenblick darüber nach, was das heißt: ein Mann verwendet alle Zeit und Kraft seines Lebens darauf, Geld zu sammeln und aufzuspeichern; er ist zu geizig, um mehr, als unbedingt sein muß, davon zu verbrauchen, will immer mehr, wird immer gieriger, je näher sein Ende kommt – dann legt er sich hin, stirbt und läßt sein Geld zurück. Kann es etwas Sinnloseres geben? Mir kommt es gerade so unsinnig vor, als wenn ein Mann es sich zur Lebensaufgabe machte, mitten auf einem großen Feld einen ungeheuren Haufen von altem Eisen zusammenzuschleppen und dann Tag für Tag darauf zu sitzen. Er ist so verbohrt, daß sein ganzes Leben in diesem Gedanken aufgeht und er sich und anderen nichts von all dem gönnt, was das Leben wertvoll und glücklich macht, um nur ja kein Stückchen von seinem Eisenhaufen zu verlieren. Endlich stirbt er, und seine Seele ist so verkümmert und verkrüppelt, daß sie nur mit Mühe den Weg aus dem elenden Körper herausfindet. Wenn du es genau bedenkst, so ist der Unterschied wirklich nicht groß: hier ist's ein Haufen altes Eisen, dort ein Haufen Gold oder Silber, beides gehört aber zur selben Klasse von Dingen.

Es ist ein Gesetz unseres Wesens, daß wir den Dingen ähnlich werden, mit denen wir uns beschäftigen. Sind es wertvolle, edle und erhebende Dinge, so werden wir allmählich wie sie. Sind es bloße greifbare Dinge, wie Gold oder Silber oder Kupfer oder Eisen, so wird unsere Seele, unsere ganze Art, ja sogar unser Gesicht ähnlich wie sie, hart und steinern, und alle feineren, besseren und größeren Züge verschwinden. Denk an das Bild eines Geizhalses, lebendig oder gemalt – und du siehst sofort, daß ich die Wahrheit sage. Es ist das vollkommen naturgesetzlich. Er glaubte, der Herr zu werden, und wird der Sklave; statt daß er seinen Reichtum besitzt, besitzt der Reichtum ihn. Wie oft sieht man Menschen dieser Art! Überall findet man einige von ihnen, du kennst gewiß ein paar oder gar viele.

Im Verlauf der letzten Jahre sind zwei sehr bekannte vielfache Millionäre in den Vereinigten Staaten gestorben. Der eine begann seine Laufbahn mit dem Gedanken, durch Aufhäufen großen Reichtums sich einen Namen zu machen. Er hatte nur zwei Dinge im Sinn: sein Ich und viel Geld. Die Folge war, daß er allmählich überhaupt an nichts anderes mehr denken *konnte*. Die Gier nach Geld machte ihn bald zum Sklaven des Geldes, und gehorsam diesem Herrn, scharrte er so lange Schätze zusammen, bis er endlich starb und auch nicht einen einzigen Pfennig mitnehmen konnte. Sein einziger Gewinn war eine völlige Verkrüppelung seiner Seele. Was hätte aus ihr nach ihren Anlagen werden können! Ein freier Mann und ein König – statt dessen wurde sie ein Sklave!

Die Zeitungen meldeten seinen Tod ohne ein Wort des Lobes für ihn. Wenige bedauerten, noch weniger betrauerten ihn. Und was über den Toten gesprochen wurde, war das Gegenteil von Lob. Alle waren einig darin, was er hätte sein und tun können, welche ungeheure Macht ihm verliehen war, welche Liebe und Achtung er sich im Leben hätte erwerben können, wie er hätte sterben können, betrauert und gesegnet von seinem ganzen Volke! Welch ein trauriger Anblick, einen Menschengeist, eine ewige Menschenseele sich so freiwillig in die Sklaverei einiger vergänglicher Metallstücke stürzen zu sehen!

Der andere der beiden Millionäre begann seine Laufbahn mit dem Grundsatz, daß der Erfolg, den ein Mann hat, daran gemessen werden muß, wieweit er seinen Nebenmenschen und der Welt unmittelbar nützt, daß persönlicher Reichtum nur ein anvertrautes Gut ist, das für das Wohl der Menschheit verwendet werden muß. Unter der segensreichen Wirkung dieses Grundsatzes ward er groß, und reich an Geld wie an Einfluß. Sein ganzes Wesen weitete sich, er wurde ein edler, großherziger Mann, der seinem Staat, seinem Volk, seinem Nächsten diente und seinen Namen in die Herzen aller derer schrieb, mit denen er in Berührung kam, so daß sie nicht anders als mit Gefühlen der Dankbarkeit und der Anerkennung an ihn denken können.

Sein Dienst an den Menschen bestand darin, daß er einmal seinen großen persönlichen Einfluß und sein Beispiel, sodann aber sein ungeheures Vermögen, das er als bloß anvertrautes Gut betrachtete, zur Gründung und Ausstattung einer großen Lehranstalt verwendete. Seine glänzende geschäftliche Begabung verwertete er für ihre Einrichtungen und ließ sich dabei zuoberst von dem Gedanken leiten, daß junge Leute beiderlei Geschlechts dort um möglichst wenig Geld alle Gelegenheit haben möchten, sich nun ihrerseits dazu vorzubereiten, wie sie ihren Nebenmenschen unmittelbar nützlich sein können.

Inmitten dieser Tätigkeit wird er abgerufen. Nun sind viele Herzen traurig, daß der gute, großherzige, teilnehmende Freund, der Armen und Reichen gleichmäßig gedient hat, geschieden ist. Tausende, die er ermutigt, denen er geholfen und gedient hat, segnen seinen Namen und danken Gott, daß ein solcher Mann gelebt hat; sein ganzes Volk erweist ihm die letzten Ehren. Niemand kann die Wirkungen eines solchen Lebens ermessen, denn die, auf die er persönlich eingewirkt hat, geben diese Wirkungen wieder an andere weiter und so fort ins Unendliche: nur Gott, der mit gerechter Waage alles Menschliche wägt, kennt sie. Und die großartige Gabe des Mannes an die Menschen läßt seinen Namen noch berühmt, geehrt und gesegnet sein, wenn andere Anhäufungen großer Reichtümer längst wieder zerstreut sind und niemand mehr an ihre Besitzer denkt.

Du kannst dir ganz wohl den Erwerb großen Reichtums zum Ziele setzen, aber vergiß nicht, daß er dich nicht größer, sondern kleiner macht und alles Gute und Feine aus deinem Leben raubt, wenn du nicht über dein Ich hinausgehen kannst. Wenn du dich aber in deinem ganzen Leben von dem Grundsatz leiten läßt, daß Reichtum nur *anvertrautes Gut* ist und daß der einzige Maßstab wahrer Größe darin besteht, wie weit man unmittelbar zum Dienst an der Menschheit brauchbar ist, dann wirst du groß werden und die Welt wird dich als groß anerkennen. Freude, Glück und Zufriedenheit sind die steten Begleiter eines Lebens, das in treuem Dienste gelebt wird, und ein solches Leben ist das beste und größte, das es gibt.

Vergiß niemals, daß alles auf Persönlichkeit, Leben und Charakter ankommt und Reichtum nur zufällig mitspielt. Wer aber zu ärmlich, zu kleinlich und zu selbstsüchtig ist, um sein Leben dem Dienste anderer zu widmen, der kann nicht wachsen, sondern sein Wesen verkümmert.

DAS WACHSTUM

Willst du wunderbarstes Wachstum,
  Höchste Steigerung der Kraft,
Daß dein Leben lauter Freude
  Und Zufriedenheit dir schafft:
O dann laß es stets von Liebe
  Und von Güte überfließen,
Laß die Menschen, die dich brauchen,
  Deine Dienste froh genießen.

Willst du, daß dich auf der Erde
  Und im Himmel alles liebt,
Daß dir freudig jedes Wesen
  Seine reinste Neigung gibt:
O dann laß auf deine Brüder
  Ströme deiner Liebe regnen,
Und die besten Herzen werden
  Dankbar dann dein Dasein segnen.

Ganz besonders herrlich ist an jenem Grundsatz der dienenden Liebe, daß jeder diese Seite seiner Persönlichkeit oder seines Wesens zum Wachsen bringen kann. Man hat mich gefragt, was zu tun sei, wenn einer jene Tugenden nicht schon von selbst in genügender Stärke besitzt. Ich antworte: Vergiß dein Ich, tritt für eine Weile aus ihm heraus, und wie die Gelegenheit sich gibt, tue etwas für jemand, irgend einen Liebesdienst. Es ist ganz gleich, wenn es auch zunächst nur ein kleiner ist, etwa ein freundlicher Blick oder ein gütiges Wort für jemand, dessen Herz schwer von Sorgen ist, der nicht mehr weiß, wofür er leben soll, eine Handreichung für einen, der den Mut verloren hat: es kann sein, daß gerade in diesem Augenblick deine Hand seinem ganzen Leben eine andere Wendung gibt. Erweise dich dem als Freund, der glaubt, keinen Freund mehr zu haben.

O es gibt gerade da, wo du wohnst, jeden Tag tausend Gelegenheiten, nicht für große und fernliegende, aber für kleine und naheliegende Dinge. Tue etwas mit einem Herzen voll Liebe: Wenn du einmal den reichen Lohn spürst, den du dafür erntest, dann braucht dich niemand mehr zu mahnen, daß du darin fortfährst. Das nächste Mal geht es schon leichter und mehr von selbst und das nächste Mal noch leichter. Du kennst die Gesetze deines körperlichen Nervensystems: Jede Handlung oder Bewegung oder was du tust, geht bei der Wiederholung immer leichter vonstatten, bis sie sich schließlich ohne jede Anstrengung vollzieht und dir zur anderen Natur geworden ist.

Dem entspricht auf dem Gebiete des Geistes die Gewohnheit. Und hast du noch nicht begriffen, daß *das Leben im ganzen nur aus einer Reihe von Gewohnheiten besteht* und daß es vollkommen in deiner Hand liegt, zu entscheiden, was das für eine Reihe sein soll?

Ich habe eine Erziehungsanstalt beobachtet, die auf diesem Grundsatz aufgebaut ist; er war dort also nicht eine bloße Lehre, sondern lebendige Wahrheit. Ich wollte, ich könnte hier die wunderbaren Wirkungen schildern, die in dem Leben und Wirken der dortigen Zöglinge sichtbar wurden. Es ist eine Freude, dort zu sein, man spürt den segensreichen Einfluß, sobald man das Haus betritt, und man nimmt ihn mit hinaus. Ich habe gesehen, wie viele dort zu einem ganz anderen Leben kamen, zu einem Leben so reich, so schön und so wertvoll, wie sie es sich nie hatten träumen lassen, und zwar schon, wenn sie nur ein einziges Jahr dort weilten.

Ebenso habe ich beobachtet, wie jener Grundsatz in einem regelmäßigen Sommerkurs durchgeführt wurde, der noch eine große Zukunft vor sich hat und zwar gerade dadurch, daß auch er auf jenem Grundsatz aufgebaut ist. Das Unternehmen geht aus von einem jener seltenen und erleuchteten Menschen, die ganz von Liebe für die Menschheit erfüllt sind. Man denkt dort nicht an Bezahlung, alles ist umsonst wie die Luft. Der Erfolg ist denn auch, daß als Lehrer wie als Schüler sich dort Menschen der seltensten Art zusammenfinden, daß ein Geist der Liebe, Hilfsbereitschaft und Güte alle durchweht und mit einem beseligenden Gefühl von Frieden erfüllt. Mancher, der nur für einen Tag kommen wollte, ist so bezaubert, daß er eine ganze Woche, ja einen Monat bleibt, und wer auf eine Woche kommen wollte, ist oft einen Monat geblieben, ja überhaupt nicht mehr weggegangen, bis die Versammlung auseinanderging. Und das ist nicht zu verwundern, denn wo man wahre Menschlichkeit trifft, da bleibt jeder gerne.

Man könnte nun vielleicht einwenden: Wenn einer sein Leben auf den Grundsatz der Selbsthingabe und des Dienens für andere gründet und dem alles andere unterordnet, so hemme das sein eigenes Wachstum und seine Entwicklung und mache es ihm unmöglich, seine Persönlichkeit und seine Anlagen zur höchsten möglichen Blüte zu entfalten. Aber das Gegenteil ist richtig. Je stärker die Persönlichkeit und je größer ihre Kraft ist, desto größer ist die Wirkung, die von ihr ausgeht, wenn sie sich in den Dienst der Menschheit stellt. Kann es einen stärkeren Antrieb zu dieser Entfaltung der eigenen Anlagen geben? Das nur für sich selbst zu tun, dazu hat man doch eigentlich gar keinen Anlaß. Aber nichts ist so groß und so wirksam im Dienste der Menschheit als eine starke, edle und schöne Persönlichkeit; davon allein hängt schließlich jeder Einfluß auf andere ab. Charakter ist die größte Kraft der Welt, und Charakter verleiht diese Kraft; denn in jeder wirklichen Kraft, wie auch die Richtung sei, in der sie sich betätigt, ist es nur der Charakter, der

Wert hat. Freilich nur wenige scheinen dieses Gesetz zu kennen; jedenfalls sind es nur wenige, die danach handeln.

Bist du ein Schriftsteller? Was du schreibst, kann nie mehr sein als was du bist. Möchtest du etwas schreiben, das mehr ist? Dann wachse selber, mache dich selbst größer, tiefer und reicher. Bist du ein Geistlicher? Du kannst die Menschen nicht höher erheben als du selber bist. Deine Worte werden genau so klingen, wie das Leben, aus dem sie kommen. Ist dieses Leben innerlich hohl, so klingen sie hohl und leer, so sind sie schwächlich, unwirksam, falsch. Möchtest du, daß deine Worte mehr Kraft haben und darum auch mehr wirken? Mache dich selbst stark, und deine Kraft wird in ihnen sein. Bist du ein Redner? Die Stärke der Wirkung, mit der deine Worte die Massen bewegen, beruht ausschließlich auf der Höhe des Standpunktes, auf dem du stehst. Möchtest du, daß sie mehr wirken, daß jedes mit lebendiger Kraft erfüllt sei? Dann mache dich selbst höher, und du wirst ihnen diese Kraft verleihen. Lebst du ohne öffentlichen Beruf? Auch dann geht überall, wo du bist, ohne daß du ein Wort sprichst, ein stiller, aber wirksamer Einfluß von dir aus, der je nachdem die anderen besser oder schlechter macht. Ist dein Leben hoch und schön, dann strömst du Leben und Kraft aus. Ist dein Leben niedrig und häßlich, dann geht Krankheit und Tod von dir aus. Der Klang deiner Stimme, die Haltung deines Körpers, der Ausdruck deines Gesichtes – alles hat einen guten oder schlimmen Einfluß auf die, die in deinen Wirkungsbereich eintreten. Und, wie einer der ganz Großen gesagt hat, es gibt nur *einen* Weg, auf dem man einem Menschen wahrhaft helfen kann: die unwiderstehliche Macht des Lebens, das man ihm vorlebt.

Ich kenne einen jungen Mann mit glänzenden Eigenschaften und Anlagen, mit dem es, wie man so sagt, reißend bergab ging. Immer mehr verlor er die Herrschaft über sich selber, seine Selbstachtung war fast dahin; schon kam ihm der Gedanke, seinem Leben selbst ein Ende zu machen. Da trat ein anderer junger Mann in seinen Gesichtskreis, der so vollkommen Herr seiner selbst war und von dem deshalb eine solche Kraft ausging, daß der bloße Anblick, wie dieser Mann lebte und arbeitete, den anderen aufs stärkste beeinflußte. Sein besseres Selbst wurde wieder wach, die göttliche Natur in ihm wieder lebendig, und er wandte sein Angesicht wieder in der Richtung nach dem Rechten, Guten und Mannhaften. Heute gehört er zu den größten, stärksten und schönsten Geistern des Landes. Wirklich, jedes starke, reine und edle Leben, das dem Dienst anderer geweiht ist, hat solchen mächtigen Einfluß.

Kennst du schon die wunderbaren Möglichkeiten, die in dem liegen, was man die innere oder Seelenentwicklung nennen kann? Wohl kaum: denn wenige kennen bis jetzt diese Kraft, die immer vorhanden, aber niemals recht gekannt war und deshalb bald so, bald anders genannt wurde. Es ist möglich, diese Seelenkraft so zu entwickeln, daß, wenn du nur bei jemand stehst du mit ihm sprichst, eine Wirkung von dir ausgeht, die der andere nicht sieht und hört, aber spürt und der er nicht entfliehen kann. Wenn du nur einen Raum betrittst, in dem Menschen sich aufhalten, geht eine stille Wirkung von dir aus, die alle spüren, auch ohne daß ein Wort gesprochen wird. Wer immer große und bleibende Wirkungen in der Welt ausgeübt hat – Mann oder Frau –, der hat diese Kraft besessen.

Wir sind eben im Begriff, von einigen erleuchteten Geistern zu lernen, daß diese Kraft entwickelt werden kann, daß sie auf einem Naturgesetz beruht, das der Schöpfer unseres Lebens in uns gelegt hat. In den nächsten Jahren werden wir viele wunderbare Entdeckungen auf diesem Gebiet erleben, denn das Licht beginnt erst zu tagen: Nur die wenigen, die auf der höchsten bis jetzt erreichten Höhe stehen, erblicken seine ersten Strahlen. Darum erschöpfe alle deine Lebensmöglichkeiten, schon das allein wird dich zum höchsten Dienst für die Menschheit befähigen. Es kommt nicht darauf an, wenn es dir auch Mühe macht; denn du mußt wissen, daß sogar die Selbstsucht dir nichts Besseres raten könnte. Die wahre Freude am Leben hast du nur, wenn du nach dem Höchsten strebst, das dir möglich ist.

Ein solches Leben allein bringt auch die Tugend mit sich, die ich als eines der wesentlichsten Kennzeichen wahrer Größe ansehe: die Demut. Und wenn ich sage Demut, so enthält das notwendig auch die Einfachheit, denn diese beiden gehen immer Hand in Hand, und das eine wächst aus dem anderen. Der Stolze, der Eitle, der Hochmütige, der Erfolgsjäger – sie werden niemals zu den Großen der Menschheit gezählt. Die bloße Tatsache, daß einer so auf den Erfolg aus ist, zeigt schon, daß er nicht genug in sich hat, um wirklich groß zu sein. Wer aber wirklich groß ist, der hat nicht nötig, sich um den Erfolg zu sorgen, und tut's auch nicht. Ich weiß keinen besseren Weg, zur Demut und Einfachheit zu gelangen, als wenn man sein Ich vergißt im Dienste anderer. Eitelkeit, diese für junge Leute so ganz besonders große Gefahr, kommt nur daher, daß man immer bloß an sich selbst denkt.

Frau Henry Ward Beecher sagte mir einmal, so lange sie in einem bestimmten Stadtteil Brooklyns gewohnt hätten, habe man immer an dem fröhlichen Rufen und Lachen der Kinder draußen ihres Mannes Heimkunft schon vorher hören können. Alle Gassenjungen so gut wie die Kinder der höheren Stände in der Nachbarschaft kannten ihn und pflegten oft auf sein Kommen zu warten. Wenn sie ihn dann kommen sahen, rannten sie auf ihn zu, umgaben ihn, faßten seine Hände und griffen in seine großen Überziehertaschen nach den Nüssen und anderen guten Dingen, die er schon beim Ausgehen hineingetan hatte, weil er schon wußte, was kommt. Sie hängten sich an ihn, um so lang als möglich bei ihm zu sein, und er lachte mit ihnen oder tat, als ob er davonlaufen wollte. Er war nicht zu groß – oder sagen wir besser, er war groß genug –, um bei ihren Spielen mitzutun.

Hätte er jene wichtigtuende Würde besessen, die

das Kennzeichen von weniger großen und darum auch weniger demütigen und einfachen Menschen ist, von Menschen, die immer nur an sich und an ihre Stellung denken, so hätte er wohl gedacht, das »passe sich nicht« für ihn. Aber sogar die Kinder, bis hinunter zu den Gassenjungen, fanden in diesem wahrhaft großen Mann einen Freund. Und dieselben Geschichten hören wir von Lincoln und von allen wirklich großen Geistern: Sie alle haben diese schöne und anziehende Eigenschaft, dieses einfache und kindliche Wesen gehabt.

Eine andere schöne und wertvolle Seite an unserem Leben für andere ist die Wirkung, die es auf unser eigenes Wachstum und unsere Entwicklung ausübt. Es gibt ein Gesetz, das bestimmt, daß jede gute Tat und jeder Liebesdienst für andere einen reichen Lohn für unser Leben und unsere Entwicklung mit sich bringt. Dieses Gesetz wirkt ausnahmslos. Wenn ich also etwas Derartiges für meinen Bruder oder meine Schwester tun kann – und jeder Mensch ist das, weil er ein Kind desselben Vaters ist –, dann sollte ich dankbar, doppelt dankbar sein für eine solche günstige Gelegenheit. Wenn ich es aus Liebe und in völliger Selbstvergessenheit tue, so wird es mir selbst mehr nützen als dem, für den ich es tue, so segensreich ist der Einfluß einer solchen Tat für die Bereicherung, Verschönerung und Beglückung meines Lebens, während die aus ihr fließende Freude und Zufriedenheit – die höchste und süßeste, die das Leben bietet – eigentlich schon an sich ein überreicher Lohn wäre.

Dazu kommt noch, daß wohl in den meisten Fällen die Menschen, denen jemand einen solchen Liebesdienst erweist, irgendeinmal, irgendwo oder irgendwie in der Lage sein können, uns zu einer Zeit, wo wir's vielleicht besonders nötig brauchen oder es uns besonders wertvoll ist, mittelbar oder unmittelbar ihrerseits einen Dienst zu leisten, an den wir bei unserer Wohltat nicht im entferntesten gedacht haben.

> *Wirf dein Brot nur übers Wasser,*
> *Streue deine Schätze hin,*
> *Gib dein Gut mit offnen Händen,*
> *Freudig sei dabei dein Sinn.*
> *Denke nicht, daß es verloren,*
> *Denn dein Vater ist getreu,*
> *Und auf Erden wie im Himmel*
> *Gibt er Lohn dir täglich neu.*

Hast du Kummer oder Anfechtungen, die dir eine schwere Last sind? Dann laß dir sagen, daß du sie am sichersten leichter und erträglicher machst, wenn du dich selbst vergißt im Dienste anderer, wenn du anderen ihr Leid und ihren Kummer tragen hilfst, die vielleicht schwerer daran schleppen, als du an deinen Leiden. Du kannst das, versuch es nur. Du wirst dabei die Erfahrung machen, daß, wenn du den Kummer in dieser Weise bekämpfst, er mehr zur Veredlung deiner Seele beiträgt als irgend etwas in der Welt, und daß du ihn deshalb gar nicht vermeiden, sondern dankbar annehmen, freilich aber auch auf die richtige Weise bekämpfen sollst.

Ich denke eben an eine arme Witwe, deren Leben gar nichts in sich zu tragen schien, das sie hätte beglücken können; es wäre im Gegenteil freudlos und öde gewesen, wenn sie nicht für ein kleines verkrüppeltes Kind zu sorgen gehabt hätte, das sie zärtlich liebte, um so zärtlicher, je hilfsbedürftiger es war. Aber in der Sorge für das kleine Wesen vergaß sie sich selbst und ihr trauriges Los, und so wurde ihr Leben froh und glücklich und ihre Arbeit leicht – erleichtert durch Liebe und durch den Dienst für andere. Und das ist nur ein Fall von Tausenden.

So kannst du deinen Kummer lindern und deine Last erleichtern, indem du anderen ihre Last tragen hilfst; ist es nicht ein verkrüppeltes Kind, so ist's ein Bruder oder eine Schwester, die vielleicht in anderer Weise verkrüppelt sind oder es ohne deine Hilfe würden. Du findest genug solche in deiner Umgebung: Geh an keinem vorbei.

Wenn das Leben auf diesen Grundsatz gegründet wird, so kann der Arme und Niedrige so herrlich und glücklich leben als der Reiche und Hohe. Wenn wir einsehen – und wir können kaum anders –, daß ein Mensch nur so weit *wahrhaft* groß ist, als er sein Leben auf diesen Grundsatz aufbaut, dann fällt jenes rein selbstsüchtige Streben nach Größe von selber weg. Nur ein krankhafter Sinn kann noch danach streben, denn sobald man sie erfaßt, verschwindet sie wie eine Blase, weil sie eben nicht wahr und bleibend, sondern falsch und vergänglich ist. Wer aber sein Ich und diese falsche Größe ganz vergißt im Dienste seiner Nebenmenschen, der kommt eben dadurch auf den richtigen Weg zur wahren und echten Größe; und wie groß er wirklich wird, hängt nur von der Treue ab, mit der er das Gebot befolgt.

Kennst du die Wirkung eines solchen Lebens auf die Form deiner Züge: daß es sie so schön macht, als ein Gesicht überhaupt werden kann? Es gibt ihnen die *Seelenschönheit*, die man so oft auf den Bildern der alten Meister sieht. *Wahre Schönheit muß von innen heraus kommen.* Der äußere Schein, den man so oft sieht, ist gleichsam nur ein Anstrich, nur ein ärmliches Nachbild der wahren und echten Schönheit. Wenn man dies recht einsehen will, so muß man einen Blick auf das herrliche Bild von Sant: »Das Erwachen der Seele« werfen; da sieht man ein Gesicht, das immer schöner wird, so oft man es ansieht, und das man nie müde wird anzusehen. Und damit muß man die Apothekerbüchsen vergleichen, die wir da und dort – oder richtiger alle Augenblicke – auf der Straße sehen. Ein Gesicht von dieser höchsten Schönheit ist eine Wohltat für jeden, der es erblickt.

Vor kurzem hatte ich ein reizendes Erlebnis. Es war an einem außerordentlich heißen und staubigen Tag, die Reisenden in meinem Zug waren müde und schläfrig, die Zeit und die Fahrt dehnten sich endlos und öde. Da stieg eine Dame ein mit einem jener Gesichter, die eine Wohltat sind für jeden, der sie sieht, und mit ihr ein kleines Mädchen, ebenfalls von jener Schönheit, die von innen heraus kommt, und mit einer süßen und wohlklingenden Stimme, die aus

derselben Quelle stammt. Das Kind hatte noch kaum
ein paar Worte gesprochen, als schon alle Mitreisen-
den aufmerksam wurden. Es fing an, mit einem
höchst ernsthaften und würdigen Herrn Verstecken
zu spielen. Zuerst sah er nur über seine Brille nach ihr
hin, dann kam seine Zeitung etwas weiter herunter,
dann immer weiter und schließlich legte er sie ganz
weg und vergaß offenbar sich selbst und seine Umgebung über dem Vergnügen, das er an dem Kind hatte.
Die anderen Reisenden folgten bald seinem Beispiel,
Zeitungen und Bücher wurden weggelegt, die jungen
Leute fingen an, lustig zu lachen, und alles wetteiferte
miteinander, wer die Ehre habe, ein Wort oder ein
Lächeln von der Kleinen zu erhalten. Staub und
Hitze, Müdigkeit und Langeweile waren vergessen,
und als die beiden ausstiegen und das Kind noch
Lebewohl winkte, winkten alle wie ein Mann wieder,
und zwei würdige Herren standen auf und gingen ans
gegenüberliegende Fenster, um sie so lang als möglich
zu sehen. Es war, wie wenn ein elektrischer Strom
durch den Wagen gegangen wäre: Alle waren fröhlich
und vergnügt, und der Zustand, der jetzt in dem
Wagen herrschte, war von dem früheren so völlig
verschieden, als zwei Bilder einer Zauberlaterne voneinander. Du hast gewiß schon solche Gesichter gesehen und solche Stimmen gehört: Sie finden sich nur
als Wirkung eines Lebens wie das, von dem wir sprechen. Sie sind seine äußere Verkörperung und kommen so von selbst aus ihm wie das Wasser aus einer
Quelle strömt.

Wir wollen auch nicht vergessen, die Wirkung eines solchen Lebens auf Sitte und Betragen dessen zu schildern, der es führt. Wahre Höflichkeit kommt nur aus einem Leben, das auf jener Regel aufgebaut ist. So wird man ein wahrer Gentleman, ein »Edelmann«, der edel, gütig, liebevoll und höflich ist, aber alles von Natur. Ein solcher kann gar nicht anders, als wahre Höflichkeit zeigen, er kann gar nicht anders, als ein Edel-Mann sein, denn er kann doch nichts anderes sein als er selbst. Wer aber immer nur an sich denkt, der kann kein solcher Mann sein, und wenn er sich künstlich Mühe gibt, so zu scheinen, so zeigt das sein wahres Wesen erst recht deutlich, und jeder, mit dem er in Berührung kommt, wendet sich von ihm ab.

Ich treffe manchmal mit einem Herrn zusammen, der, wenn er irgendwo vorgestellt wird, eine Reihe von steifen, kalten, rechtwinkligen Bewegungen vornimmt: die Knie haben eine bestimmte Biegung, die Fußstellung einen bestimmten Winkel, der Rücken wieder eine bestimmte Biegung – es sieht lang nicht so hübsch aus wie bei einem Kamel, denn dem steht es natürlich! Ich habe schon oft bei mir gedacht: der arme Kerl, ich weiß nicht, was er hat, und ob er überhaupt zu Ende kommt! Man sieht deutlich, daß er die ganze Zeit über nur an sich selbst denkt und daran, ob er auch alles richtig macht. Was ist es für eine Wohltat, statt dieses Menschen einen andern zu sehen, der an gar nichts denkt als an die Freude und Erleichterung, die er anderen bereiten kann. Das ist der echte Edel-Mann, ihm ist wahre Höflichkeit Natur, er hat, was Goethe die Höflichkeit des Herzens nennt, denn jede Handlung des Menschen hat ihren Ursprung in seinem Denken.

Man hat mit Recht gesagt, in ganz Schottland habe kein echterer Gentleman gelebt als Robert Burns. Dabei blieb er aber sein Leben lang ein Bauer und war aus seinem kleinen Heimatdorfe sein ganzes Leben lang niemals herausgekommen, bis er endlich nicht lange vor seinem Tode die Blätter zusammensuchte, die seit langer Zeit in seiner Schreibtischschublade sich angehäuft hatten, und mit ihnen nach Edinburgh ging: Sofort eroberte er dort alle Herzen. Ohne künstliche Formen war er ein echter Edelmann und besaß die beste Lebensart, denn sein ganzes Leben war auf jene Regel gegründet, der er so oft in Versen wie den folgenden Ausdruck verlieh:

> *Ich hoff', es kommt der Tag,*
> *Daß jeder Mensch im andern nur*
> *Den Bruder sehen mag.*

Mit solcher Gesinnung war er ein geborener Edelmann, ohne je daran zu denken, ob er einer sei oder nicht, denn wer es wirklich ist, der denkt überhaupt nicht daran.

Denke an Benjamin Franklin, als er an den französischen Hof gesandt wurde. In seinem einfachen grauen Anzug, anspruchslos und ohne an sich zu denken, eroberte er alle Herzen, sogar die der eingebildeten Weltdamen, und solange er in der üppigen Hauptstadt weilte, war er der Mittelpunkt der Aufmerksamkeit. Seine Höflichkeit, sein Anstand, alles war die Wirkung seines großen, gütigen, liebevollen und hilfsbereiten Herzens: alle fühlten, daß er für sie lebte und nicht für sich selbst.

Ein kurzer Abschnitt aus einem Brief, den er an George Whitefield schrieb, zeigt, was er von jener großen Regel dachte, von der wir sprechen. »Sie schreiben von meiner Freundlichkeit – ich wollte, ich hätte Ihnen bessere Dienste leisten können! Aber auch wenn das geschehen wäre, so wünschte ich doch keinen anderen Dank, als daß Sie immer ebenso bereit wären, anderen zu dienen, die Ihre Hilfe brauchen. So mögen die guten Dienste reihum gehen, denn die ganze Menschheit ist nur *eine* Familie. Wenn ich einem anderen etwas helfen kann, so habe ich gar nicht das Gefühl, daß ich ihm etwas schenke, sondern vielmehr, daß ich eine Schuld abzahle. Auf meiner Reise und während meines Aufenthaltes habe ich sehr viel Freundlichkeit von Leuten erfahren, denen ich nie Gelegenheit haben werde, es irgendwie zurückzuzahlen, und außerdem unzählige Wohltaten von Gott, der ja überhaupt unendlich erhaben über unsere Dienste ist. Jene Freundlichkeit, die ich von Menschen erfahren, kann ich darum nur an ihren Mitmenschen vergelten, und für die Wohltaten, die Gott mir erwiesen, kann ich mich nur dadurch erkenntlich zeigen, daß ich willig bin, seinen übrigen Kindern, meinen Brüdern, zu helfen.«

Wahres adliges Wesen und wahre Höflichkeit kommt immer von innen heraus und ist die Frucht

eines Lebens voller Liebe, Freundlichkeit und Dienst
am Nächsten. Dies ist auch die allgemeine Weltsprache, die jeder kennt und versteht, auch wenn ihm
unsere Worte unverständlich bleiben. Es gibt ein
schönes altes Wort, das heißt: »Wer gütig und höflich
gegen Fremde ist, der zeigt sich dadurch als Weltbür-
ger.« Nichts bleibt so im Gedächtnis der Menschen
und nichts macht uns ihnen so teuer, als wenn wir
diese Weltsprache sprechen. Sogar die stummen Tiere
verstehen sie und werden von ihr beeinflußt. Wie
rasch merkt zum Beispiel ein Hund, und zeigt es auch,
wenn man freundlich mit ihm spricht oder sonst gut
zu ihm ist – und ebenso gilt das Umgekehrte. Und
sollten wir hier nicht ein Wort für diese unsere Mitgeschöpfe einlegen, die wir stumm nennen, weil wir ihre
Sprache nicht verstehen? Die Stellung, die die
Menschheit ihnen gegenüber eingenommen hat, und
die Behandlung, die man ihnen bisher zuteil werden
ließ, ist geradezu erschreckend.

Es gibt viele Gründe dafür, daß das so ist. Einer
davon ist der Glaube, daß dem Menschen nach dem
Tode noch ein Leben bevorsteht, dem Tier aber nicht.
Vor einigen Jahren hinterließ ein Mann in seinem
Testament hunderttausend Dollar für die Arbeit der
Henry Bergh-Gesellschaft in New York. Seine Ver-
wandten fochten das Testament an auf Grund der
Behauptung, daß der Erblasser verrückt gewesen sei:
Sie schlossen das daraus, daß er an ein künftiges
Leben auch für die Tiere glaubte. Der Richter aber
erklärte das Testament für gültig und bemerkte, er

habe in einer sehr sorgfältigen Untersuchung sich überzeugt, daß reichlich die Hälfte der Menschheit diesen Glauben teile. Der Naturforscher Agassiz zum Beispiel teilte ihn. Ein Engländer hat neulich ein Verzeichnis von hundertundsiebzig englischen Schriftstellern zusammengestellt, die alle so fest daran glaubten, daß sie sogar darüber geschrieben haben. Viele der größten Denker in allen Ländern der Welt haben diesen Glauben gehegt, und er breitet sich heute immer weiter aus.

Ein anderer Grund, wohl der wichtigste, war der, daß man den Tieren einen niederen Grad von Verstand zuschrieb. Das heißt aber mit anderen Worten, wenn es wahr ist, daß sie weniger imstande sind als wir Menschen, für sich selber zu sorgen und sich zu wehren. Aber sollte das wirklich ein Grund dafür sein, daß man sich nun nicht um sie bekümmert oder gar grausam gegen sie ist? Im Gegenteil, dies müßte gerade der stärkste Antrieb dazu sein, daß wir für sie sorgen, sie beschützen und gut behandeln.

Du hast vielleicht unter deinen Geschwistern eines, das nicht im vollen Besitz seiner Geisteskräfte ist, etwa blödsinnig oder irrsinnig, oder infolge einer Krankheit oder eines Unglücksfalls schwachsinnig, aber wird es dir je einfallen, dies als Entschuldigung dafür anzusehen, daß du nun solche arme Wesen weniger lieben oder gar vernachlässigen und schlecht behandeln dürftest? Im Gegenteil, gerade daß sie nicht ebenso imstande sind, für sich zu sorgen wie andere, daß sie so schutzlos sind, das ist um so mehr

Ursache für dich, das alles für sie zu tun. Aber es gibt sicher viele Tiere in unserer Umgebung, die immer noch größere geistige Fähigkeiten besitzen oder wenigstens merken lassen, als jene unglücklichen Menschen. Nun gut, so gilt auch hier die gleiche Pflicht gegen sie, und die Stellung, die wir gewöhnlich ihnen gegenüber einnehmen, ist ganz falsch. Nirgends zeigt sich wahrer Edelsinn deutlicher als in der Art, wie wir uns gegen Schwächere, gegen sogenannte Unebenbürtige, betragen, die weniger stark und darum schutzloser sind als wir. Außerdem glaube ich, daß wir uns bei manchen Tieren gewiß sehr täuschen, wenn wir ihnen so ganz untergeordnete Geistesgaben zuschreiben. Gewiß, solange wir diese Geschöpfe ausschließlich für unsere selbstsüchtigen Zwecke benützen, ohne ihnen irgend etwas dafür zu leisten, solange wir nur daran denken, möglichst viel aus ihnen herauszuschlagen, und wenn wir sie ausgenützt haben und ihre Kraft verbraucht ist, sie im Stich lassen und außerdem hochmütig auf sie hinabsehen, sie vernachlässigen oder gar schlecht behandeln, so lange ist nicht viel von ihren Anlagen zu merken. Aber wir würden staunen, wie reich begabt diese angeblich »unvernünftigen« Geschöpfe sind und wie weit sie durch richtige Behandlung gebracht werden können, wenn wir nur gut gegen sie sind, sie lieben und sie erziehen, wie wir unsere Kinder erziehen. Aber freilich, was können wir bei unserem jetzigen Verhalten von ihnen erwarten!

Man könnte ganze Seiten füllen mit den merkwür-

digsten und ergreifendsten Schilderungen ihrer hohen
Anlagen, ihrer außerordentlichen Fähigkeiten, ihrer
Treue und Hingebung bei gütiger und vernünftiger
Erziehung! Die edle und eifrige Arbeit von Männern
wie Henry Bergh in New York, Georg T. Angell in
Massachusetts und vielen anderen hat doch schon
eine ziemliche Veränderung in unserem Verhalten
gegen diese große Schar unserer Mitgeschöpfe her-
vorgebracht: Die Menschen sind nachdenklicher
und milder geworden. Das ist aber erst der Anfang
einer Bewegung, die noch ins Große und Weite gehen
wird.

Die Arbeit der amerikanischen Gesellschaft für Erziehung zur Menschlichkeit hat kaum ihresgleichen
an Eifer und weittragendem Erfolg. Ihr Ziel ist die
Erziehung des amerikanischen Volkes zur Menschlichkeit, und mehr, als irgend jemand abschätzen
kann, ist schon durch *einen* Zweig ihrer Tätigkeit
geschehen, durch die »Mitleidsvereine«, von denen
schon über fünfundzwanzigtausend bestehen und die
Kindern in einer Anzahl zwischen einer und zwei
Millionen regelmäßige zusammenhängende Unter-
weisung in dieser Menschlichkeit gewähren.

Wenn ein Mensch in seinem Verhältnis zur Tier-
welt sich ein solch menschliches Gefühl und damit
zugleich Zartheit, Liebe und Sinn für ihre Pflege erworben hat, so wird das unfehlbar auch in seinem
Verhältnis zu seinen Mitmenschen zu Tage treten.
Deshalb würde ich mich freuen, wenn diese Arbeit
sich über alle Schulen unseres Vaterlandes ausbrei-

tete. In vielen Fällen wäre gerade diese Seite der Erziehung für die Entwicklung eines Kindes mehr wert als alles übrige, was es in der Schule lernt, und würde mächtig zur Lösung unserer sozialen Aufgaben beitragen.

Warum sollen wir ein Tier, dem wir begegnen, nicht auch freundlich ansprechen, wie wir es bei einem Menschen doch oft genug aus natürlichem Gefühle tun? Wenn es auch unsere Worte nicht versteht, so versteht es doch unfehlbar unsere ganze Haltung und das Gefühl, aus dem die Worte hervorgehen, und wird davon beeinflußt. Denn die Tiere sind im allgemeinen ganz wunderbar empfänglich für die geistigen Zustände, Gedankenkräfte und Gefühle der Menschen. Manche Tiere empfinden derartiges viel schneller und sicherer als viele Menschen.

Viel hilft uns zum rechten Verhältnis gegen die Tiere die klare Erkenntnis, daß auch sie, wie wir, Teile des *einen* allgemeinen Lebens, verschiedene Formen der Offenbarung des *einen* Lebens sind, daß sie ihre Stellung in dem großen Haushalt des Alls ebenso ausfüllen wie wir die unsrige, daß sie ebensogut eine Bestimmung haben wir wir, der sie nachleben müssen, und schließlich, daß sie in den Augen dessen, der da ist alles in allem, ebenso wichtig und wertvoll sind als wir selber.

»Tief im Auge des Tieres sah ich die Menschenseele mir entgegenblicken. Ich sah, wie sie geboren ward unter Gefieder und unter Pelz, bestimmt, eine Weile vierfüßig unter den Büschen zu laufen. Ich sah den

80

Blick des stummen Gefangenen und schwur ihm
Treue. Ich sehe dich, mein Bruder, und dich, meine
Schwester, und ich erkenne euch. Fürchte dich nicht:
Eine Weile bleibst du so und erfüllst deine Frist, dann
sollst auch du zu dir selbst kommen. Dein halbwar-
mes Horn, deine Zunge, die meine Hand leckt, sie
verbergen mir deine Menschheit nicht stärker als das
gelehrte Geschwätz des Vielwissens die seine verbirgt.
Du bist stumm: wir machen viele Worte. Komm näher, kleines Vögelein, mit deinen flatternden Flügeln,
zwischen ihnen sehe ich die Chöre der Engel und den
Herrn selber.«

Ein freundlicher Blick, ein gütiges Wort, ein kleiner
Liebesdienst – das scheinen unbedeutende Dinge zu
sein, aber wer kann sagen, wo ihre Wirkungen enden?
Sie kosten den fast nichts, der sie gibt – aber wer kann
sagen, welch unschätzbaren Wert sie für den haben,
der sie empfängt? Der Becher kalten Wassers, mit
dem du einen Durstigen tränkst (Matth. 10,42), er
kann zu einem breiten Strome anschwellen, der Erfri-
schung, Leben und Hoffnung unzähligen anderen zu-
trägt, die wieder anderen Gutes tun – und so weiter
ins Unendliche. Es kann gerade der entscheidende Augenblick im Leben eines anderen sein: jetzt gegeben,
kann die Gabe ein Leben retten oder zu seiner verlore-
nen Bestimmung zurückführen. Darum halte dein
Brot nicht fest, sondern

> »Gib dein Gut mit offnen Händen,
> Freudig sei dabei dein Sinn!«

Es gibt nichts Größeres in deinem Leben, das du tun könntest, und nichts, das dir reicheren und köstlicheren Lohn brächte.

Mancher fragt vielleicht: Wie kann ich Liebe fühlen, echt und tief genug, um mich im Dienst für *alle* zu erweisen – wo es doch so viele ärmliche, kleinliche Menschen gibt, mit so besonderen, verwerflichen oder gar verderblichen Eigenschaften? Gewiß gibt es das. Aber es ist ein weiteres großes Gesetz unseres Lebens: *Wir finden in den Menschen genau die Eigenschaften, die wir suchen oder die unseren vorherrschendsten Eigenschaften am ähnlichsten sind.* Wenn wir das Kleinliche, das Verwerfliche suchen, dann finden wir es auch; aber hinter all dem, was vor Augen ist, in der Tiefe jeder Menschenseele, ruht das Gute, das Wahre, das Tapfere, das Liebevolle, das Göttliche, das Gottgleiche, das was nie vergeht, ja der Gott selbst, der früher oder später sein vollkommenes Ebenbild enthüllen wird.

Und wieder ein anderes Gesetz unseres Lebens bestimmt, daß andere uns gegenüber das äußern, was unser eigenes Wesen oder mit anderen Worten unsere eigenen Gedanken und Gefühle in ihnen hervorrufen. Es kann zum Beispiel der gleiche Mensch zwei verschiedenen Leuten in ganz verschiedener Weise nahe kommen: das größere, bessere, reinere Wesen des einen macht auch in ihm das Beste, Edelste und Wahrste lebendig, während das Kleinliche und Neidische im anderen auch bei ihm derartiges hervorruft. Wer wahrhaft weise ist, der hütet sich deshalb außerordentlich vor dem Urteilen über andere, denn es ist im allgemeinen ein schlechtes Zeugnis für ihn selber, wenn er an dem anderen nur Unangenehmes und Verwerfliches findet. *Jeder lebt in einer Luftschicht, die er selbst um sich geschaffen hat.*

Ferner sagt man manchmal: Aber der Mann hat das und das Laster oder den und den Fehler oder gar, er hat das und das Verbrechen begangen. Aber ich frage: Wer hat mich zum Richter über meinen Nächsten gesetzt? Merke ich denn nicht, daß ich, sobald ich meinen Nächsten richte, mich selbst richte? Eins von beiden: Entweder ich verurteile mich selbst mit, oder ich behaupte heuchlerischerweise, daß ich in meinem Leben noch keine einzige Sünde, keinen einzigen Irrtum begangen habe, daß ich noch niemals gestrauchelt, noch niemals gefallen bin. Mit dieser Behauptung aber mache ich mich entweder zum Schurken oder zum Narren oder zu beidem.

Es könnte auch jemand sagen: »Ich kann dem Mann nicht helfen oder irgendeinen Dienst erweisen, denn man darf mich nicht mit ihm zusammen sehen, das geht nicht wegen meiner Stellung und meines Rufes. Was würden die Leute, was würden meine Freunde denken oder sagen!« Das mag sein, aber wenn meine Stellung oder mein Ruf so unsicher ist und auf so schwachen Grundlagen ruht, daß sie schon von so etwas erschüttert werden könnten, dann wäre es wohl richtiger, ich kümmerte mich ernstlich und schleunig darum, wie ich das besser sichern könnte. Bin ich aber sicher darin, weiß ich, daß ich da festen Grund unter den Füßen habe, dann fehlt mir nur noch eins: ich muß die Stufe vollends erreichen, auf der ich über alle persönlichen Bedenken hinaus bin und rein das Allgemeine ins Auge fassen kann, so daß jedermann gleich sieht, daß ich so hoch stehe. Ich muß sagen können: Die Leute denken – was denken sie? Mögen sie doch denken! Die Leute reden – was reden sie? Mögen sie doch reden!

Die höchste Stufe der Liebe ersteigen wir, wenn wir erkennen, *daß weitaus die meisten Sünden und Irrtümer in der Welt nicht aus Absicht, sondern aus Unwissenheit entspringen.* Nicht als ob ein Mensch nicht so wüßte, daß diese oder jene Taten, Irrtümer, Sünden oder Verbrechen böse seien: aber seine Unwissenheit liegt darin, daß er sich einbildet, er werde durch sie glücklich, daß er nicht weiß, daß eine andere Tat, eine andere Haltung ihm nicht bloß ein größeres und höheres, sondern ein völliges und dauerndes Glück bereiten würden.

Wir dürfen doch eines nicht vergessen. Unsere Beweggründe sind immer die gleichen: Wir wollen glücklich sein; der Unterschied liegt nur in dem Weg, den wir dazu einschlagen. Diesen Weg aber haben uns Menschen gezeigt, die ihrer Zeit in der sittlichen Entwicklung vorausgeeilt waren und deshalb die großen, unwandelbaren Gesetze genauer kannten, die unser Leben beherrschen. Mit diesen Gesetzen haben sie ihr Leben immer völliger in Übereinstimmung gebracht und so das höchste, reichste und beständigste Glück gefunden, das andere vergeblich in den Niederungen des Lebens gesucht haben.

Gewiß sind alle Menschen einander gleich im Wesen, alle ein Teil des *einen* Unendlichen und Ewigen; alle haben dieselben Möglichkeiten und alle erreichen schließlich dasselbe Ziel. Aber deshalb ist doch nicht zu leugnen, daß zu irgendeiner Zeit einzelne den anderen voraus sind, voller erwacht und weiter entwikkelt. Wenn also das Leben sich bis in alle Ewigkeit beständig weiterentwickelt, so darf man ein Leben nicht bloß nach den siebzig, oder wenn's hoch kommt, achtzig Jahren des irdischen Daseins beurteilen. Die bloße Tatsache, daß Leben da ist, ist schon ein Beweis für seine Beständigkeit im Wachstum, im Fortschreiten, in der Entwicklung, und wenn wir auf Erden *einen* Ausschnitt des Lebens vor uns haben, so muß auch das Ganze vorhanden sein. Man braucht also keine Furcht vor der Zukunft zu haben.

Vor der Türe meiner Waldhütte stand im Sommer ein prächtiger Rosenstock. Als er zu blühen anfing, zählte ich über zwanzig Knospen, werdende Blumen. Acht oder zehn standen an einem Morgen in voller Blüte. Die anderen, die näher an der Spitze wuchsen, blühten erst zwei bis drei Wochen später auf, manche brauchten fast einen Monat, um die höchste Vollkommenheit zu erreichen. Diese waren natürlich vorher nicht so schön als die in voller Blüte stehenden – aber sollte man sie deshalb geringschätzen? Wenn wir nur warten und der Zeit Gelegenheit geben, ihr Werk zu tun, so werden wir sehen, wenn sie ihren Höhepunkt erreicht haben, daß sie die anderen, die jetzt so duftend und so schön sind, weit überstrahlen.

Also hier lassen wir die Zeit gelten als etwas, das zur Erreichung der Vollkommenheit gehört – aber wie unreif und kindisch ist es dann, dies zu vergessen, wenn es sich um die Entwicklung der Menschenseele mit all ihren göttlichen Vollkommenheiten handelt! Und wie kindisch ist es, einige Blüten an dem Rosenstock, bloß weil sie nicht so früh als die anderen ihren Höhepunkt erreichten, für wertlos zu erklären und ihnen gar den Tau und Regen und den lebenspendenden Sonnenschein vorzuenthalten, die doch gerade ihr Wachstum beschleunigen! Aber dieses kindische, unüberlegte Verhalten ist genau das, das unzählige Menschen solchen Seelen gegenüber für das Richtige halten, die nur noch nicht so weit gereift sind als sie selber!

Nein, gerade daß ein Bruder diesen oder jenen Fehler, diese oder jene weniger gute Eigenschaft hat, das muß uns ein Grund sein, ihm nur um so größere Liebe, Hilfe und Unterstützung zu schenken, als die anderen brauchen, die schon weiter fortgeschritten sind. Gerade deshalb sollten wir das Gute, das in ihm ist, um so eher erkennen und ihm zur vollen Entwicklung verhelfen.

Einem weisen Mann wird es nicht einfallen, aus einem düstern oder dunklen Raum die Finsternis unmittelbar hinauszutreiben, sondern er öffnet Türen und Fenster und läßt die goldenen Strahlen der Sonne hereinfluten: Vor ihnen verschwindet alles Düster und Dunkel von selbst. Ebenso helfen wir einem Bruder nicht in der Weise zu einem höheren und besseren Leben, daß wir ihm beständig seine Irrtümer und Fehler vorrücken und ihn darüber tadeln, daß er so weit zurückgeblieben ist; dasselbe gilt für die Erziehung unserer Kinder. Sondern wir müssen auch ihm die Türen und Fenster seiner Seele öffnen und dadurch alles Hohe, Edle, Göttliche und Gottähnliche in ihm beleben: so bringen wir ihn in eine geistige Verfassung, in der er aufmerksam auf die innere Stimme lauscht und getreulich dem Lichte nachfolgt, »das alle Menschen erleuchtet, die in diese Welt kommen« (Joh. 1,9). Denn genauso weit, aber auch kein Haarbreit weiter als die innere Erfassung der Wahrheit geht ihre äußere Gestaltung im Leben.

Gibt es irgendwo in der Welt eine schönere oder inhaltreichere Erzählung als die folgende? Ein Haufen von Männern voll Selbstgefühl und Selbstzufriedenheit finden ein armes Weib, die in ihrer Blindheit und Schwäche eine Sünde begangen hat, die sie selber höchstwahrscheinlich mehr als einmal begangen haben: denn in der Regel sind die am eifrigsten im Verdammen, die selbst schuldig sind. Sie schleppen sie vor den Meister, sagen ihm, was sie getan hat, ja daß sie auf frischer Tat ergriffen worden sei, und fragen ihn, was mit ihr geschehen soll, indem sie darauf hinweisen, daß sie nach den alten Gesetzen gesteinigt werden müsse.

Aber der Meister, die verkörperte Geisteskraft und Weisheit, durchschaut mit Gedankenschnelle ihre Beweggründe und nachdem er ihnen Zeit gelassen, all ihre Anklagen vorzubringen, wendet er sich und spricht ruhig: »Wer unter euch *ohne Sünde* ist, der werfe den ersten Stein auf sie«, und bückt sich nieder, als ob er mit dem Finger in den Sand schriebe. Die Ankläger aber, getroffen von diesem treffenden Vorwurf, schleichen sich einer nach dem anderen davon, und die beiden bleiben allein. Der Meister wendet sich zu dem Weib und spricht gütig zu seiner Schwester: »Wo sind deine Ankläger? Hat dich niemand verdammt?« »Niemand!« »So verdamme ich dich auch nicht; gehe hin und sündige hinfort nicht mehr« (Joh. 8,3–11). Welche Schönheit, welcher Seelenadel! Welch köstliche Lehre für uns alle!

Ich bin sicher, daß diese gütige, liebevolle Mahnung, dieses Aufwecken des Höchsten und Besten im Geiste dieses Weibes Kräfte in Bewegung gesetzt hat, die sie nicht länger in dem rein sinnlichen Zustand verharren ließen, in dem es keine wahre Befriedigung gibt und der überwunden werden muß; Kräfte, die sie einem höheren geistigen Leben entgegenführten, wo alle edlen Bedürfnisse befriedigt werden und beständiges Vorwärtsschreiten zur anderen Natur wird. Ja, ich bin sogar sicher, daß diese Verwandlung in ihr plötzlich eintrat, daß sie jene Wiedergeburt vom Niederen zum Höheren erlebte, die jeder Seele irgendeinmal zuteil wird.

Es gibt noch etwas anderes, das uns mild gegen unseren Bruder machen kann, das uns das Richten erschwert, ja unmöglich macht. Wir kennen das heiße

Ringen, die schweren Kämpfe nicht, die unser Bruder, unsere Schwester durchgemacht haben: Wir sehen bloß das Straucheln und Fallen, das neben jenen Kämpfen herging. Wenn wir alles wüßten, was vorgegangen ist, so könnte es leicht sein, daß wir uns gestehen müßten, wir hätten unter denselben Umständen nicht halb so tapfer gekämpft und wären zehnmal öfter gestrauchelt oder gefallen als jene, die wir so rasch verdammen.

Wäre unsere Einsicht und Weisheit vollkommen, dann würde auch unser Urteil gerecht ausfallen, aber freilich, wenn unsere Einsicht und Weisheit wirklich vollkommen wären, so würden wir überhaupt nicht urteilen, was wir uns jetzt so oft anmaßen und, ich möchte fast sagen, mit Freuden tun.

Wenn ich nicht im Stande bin, mich mit vollkommener Liebe und Selbsthingabe in den Dienst aller Kinder des Vaters zu stellen, ohne Rücksicht auf ihre äußere Stellung – dann muß irgend etwas bei mir ganz und gar nicht in Ordnung sein. Dann kann ich niemals die reinste und höchste Lebensfreude genießen, denn dies ist erst möglich, wenn ich alle meine Verhältnisse zu Menschen als seltene und günstige Gelegenheiten zum Gutestun ansehe und das nun auch mit Freuden ausführe.

Soviel ist sicher. Aber es kann Fälle geben, wo man das eben Gesagte mit Besonnenheit anwenden muß. Es gibt vieles, das ich meinem Nächsten zuliebe unbedingt tun muß; aber es gibt doch auch manche Dinge, die ich für ihn nicht tun darf. Ich habe das reinste

Mitgefühl für meinen Freund, wenn er in der Gosse liegt: aber es wäre das Verkehrteste, was ich tun könnte, wenn ich mich nun in denselben Zustand versetzte und glaubte, ich könne ihm nur so mein Mitgefühl zeigen und nur so helfen, daß ich mich selbst in den Schmutz legte. Im Gegenteil: Nur wenn ich auf einem höheren Standort stehe, kann ich ihm die Hand reichen und ihm wirklich heraushelfen: Sobald ich zu ihm hinuntersinke, verliere ich die Kraft, ihn emporzuheben.

Ich will ein naheliegendes Beispiel gebrauchen. Es wäre für mich als Frau sehr töricht, einen Trunkenbold oder Lüstling zu heiraten und mir nun einzubilden, weil ich ihn liebe, so sei ich auch im Stande, ihn zu bessern. Dieser bei Frauen so häufige Gedankengang enthält zwei große Irrtümer. Einmal würde ich bald sehen, daß ich auf diesem Wege die gewünschten Erfolge nicht erreichen kann oder doch jedenfalls nichts, das ich nicht auf anderem Wege viel leichter und mit viel geringeren Opfern erreichen könnte. Und sodann würde mir bald klarwerden, daß ich mich den Zumutungen und Einwirkungen eines solchen Menschen nicht unterwerfen könnte: Denn ich würde dadurch entweder auf seinen Standpunkt hinuntersinken, oder wenn ich mich auf meiner Höhe erhalten wollte, müßte ich meine meiste Zeit und Kraft damit verbrauchen, daß ich mit ihm kämpfe. Aber diese Zeit wird wahrhaftig besser zur Hilfeleistung für andere verwendet! Wenn ich aber zu ihm hinuntersinke, dann kann ich ihm nicht helfen; denn entweder ziehe ich ihn noch weiter hinunter oder ich verliere doch die Kraft, einen heilsamen Einfluß auf ihn auszuüben. Der Entschluß, mein Leben mit dem eines solchen Menschen zu verbinden, wäre dann vollends ganz verkehrt, wenn er gar keine Sehnsucht zeigt und gar keinen Versuch macht, reiner und besser zu werden. Es scheint wirklich manchmal für einen Menschen dieser Art notwendig, daß er so lange im tiefsten Schmutz watet, bis er sozusagen plötzlich genug bekommt. Dann erst ist er so weit, daß er wieder heraus will, dann erst ist er höheren Einwirkungen zugänglich. Während dieser ganzen Zeit aber will ich nicht mein Leben seinen Einwirkungen unterwerfen, sondern auf meinem höheren Standort stehenbleiben, seinen Blick emporrichten, ihm die Hand entgegenstrecken, an der er sich emporhelfen kann, und ihn so höheren Einwirkungen zugänglich machen: Während ich so mich selbst stark erhalte, kann ich dasselbe für viele andere tun. In all dem braucht kein Schatten von Härte, von Verdammen, von Wegwerfen zu liegen, sondern es ist die höchste Art von Wohltätigkeit, das reinste Mitgefühl, die wärmste Liebe. Nur auf solche Art kann ich diese Eigenschaften betätigen und anderen wahrhaft helfen, denn nur wenn ich selbst hoch stehe, kann ich andere zu mir emporziehen.

Auch in diesen Fragen des Dienstes für andere Menschen muß der gesunde Menschenverstand, diese oberste Richtschnur für alles menschliche Leben und Verhalten, das letzte Wort sprechen.

Manche Menschen werden unserer Dienste immer bedürftiger, je mehr wir für sie tun. Mit anderen Worten, sie werden völlig abhängig von uns und verlieren sogar den Sinn für Selbständigkeit. Der höchste Dienst, den man solchen Leuten erweisen kann, besteht darin, ihnen so vorsichtig als möglich diesen Sinn beizubringen. Andere wieder erwarten und verlangen immer mehr, je mehr man ihnen gibt: Es sind Schmarotzer oder Geier in Menschengestalt. Für diese ist es vielleicht der größte Dienst, den wir ihnen tun können, wenn wir ihnen entschlossen jede Hilfe verweigern, die sie erwarten. Noch besser wäre es freilich, wenn wir ihnen die Überzeugung einflößen könnten, daß ein großes Gesetz der gerechten Ausgleichung die Welt beherrscht: für jeden Dienst muß in dieser oder jener Form etwas Entsprechendes geleistet werden – davon gibt es keine Ausnahme. Wir müssen ihnen die Gesetze ihres eigenen Wesens, ihre eigenen Möglichkeiten und Kräfte zeigen und sie so lehren, sich selber zu helfen.

Auf der anderen Seite kann es vorkommen, daß ein Herz überfließt von Liebe und Dienstbereitschaft, aber es fehlt der Verstand, der die Folgen und den Zusammenhang im ganzen zu überschauen vermag. Und so kann ein Mensch seine ganze Zeit und Kraft in einer Tätigkeit verschwenden, die ihm als Liebesdienst erscheint, die ihn aber hindert, seine eigenen Anlagen so voll zu entfalten, daß er tausendmal mehr segensreiche Macht und Einfluß auch für andere gewinnen könnte. In solchen Fällen zeigt sich die vollkommenste Selbstlosigkeit gerade als scheinbar starke Selbstsucht – die allerdings, wie gesagt, nur scheinbar sein darf.

Sein eigenes Selbst darf niemand vernachlässigen. Es ist für ihn das Wichtigste auf der Welt und die größte Kraftquelle auch für den Dienst an anderen. Sein kommt immer vor Tun, Haben immer vor Geben. Aber es gilt auch, daß das Sein bereichert wird durch das Tun, und daß das Haben zunimmt durchs Geben. Selbst-Sucht macht stumpf und verkrüppelt. Bloßes Besitzen – was in unserer Sprache ursprünglich bedeutet »müßig auf etwas sitzen« – ist gleichbedeutend mit Nichthaben; die Anwendung erst bringt Gewinn.

Kurz: Je mehr wir *sind*, desto mehr können wir *tun*; je mehr wir *haben*, desto mehr können wir *geben*.

Nur *das* Leben also hat den größten Erfolg und den höchsten Wert, das auf dieses große unwandelbare Gesetz der Liebe und des Dienstes gegründet und so im schönsten Sinne des Wortes selbst-ständig ist, um desto weniger selbst-süchtig zu sein. Mit einem Wort: Wir müssen unser Selbst erhöhen und bereichern, dann können wir um so besser anderen dienen.

DAS ERWACHEN

Willst du wissen, wo der wahre Glaube,
  Wo Gottähnlichkeit und edler Sinn,
Wo die reinste aller Religionen
  Vor der Priester Streit sich bargen hin?
Lebe nach der großen ew'gen Wahrheit,
  Die der Meister aller Meister lehrt:
Liebe Gott und diene deinem Nächsten!
  Das macht dich vor Gott und Menschen wert.

Die größte und wichtigste Aufgabe, die das Geschlecht unserer Tage zu lösen hat, ist die soziale. Sie nimmt immer mehr die ganze Aufmerksamkeit der Menschen in Anspruch, und zwar jenseits des Meeres so gut als bei uns. Die schwerste Frage, um die es sich dabei handelt, ist die nach der Stellung der beiden Klassen zueinander, ob sie überhaupt in ein richtiges Verhältnis kommen. Diese Frage verlangt gebieterisch eine Antwort, denn die beiden Klassen rücken immer weiter voneinander ab, und in der letzten Zeit hat sich das unheimlich gesteigert. Es ist so weit gekommen, daß jede in der anderen nur noch den Feind sieht, mit dem sie keine gemeinsamen Ziele mehr hat, ja das Ziel der einen scheint gleichbedeutend mit der Vernichtung der anderen zu sein.

Die Massen des Volkes kommen heute nicht in unsere Kirchen, obwohl sie doch mindestens ebensosehr als die anderen das Bedürfnis dazu fühlen müßten. Sie haben die Empfindung, daß man sie dort nicht haben will und daß die Kirche allmählich zu ihren Feinden übergeht. Was ist die Ursache dieser Erscheinung? Ein Grund muß dafür da sein, und es ist höchste Zeit, daß wir aufwachen und diesen Dingen unmittelbar ins Gesicht sehen. Eine Lösung muß gefunden werden, und je früher, desto besser: es könnte sonst sein, daß wir die Fortdauer der jetzigen Zustände teuer bezahlen müssen und daß die Unschuldigen gerade am meisten zu leiden haben.

Stelle dir nun vor, daß jener große Grundsatz des Dienstes, der Hilfsbereitschaft und Liebe, der Selbsthingabe an andere von allen Menschen anerkannt würde und alle ihr Leben nach ihm einrichteten: wie wunderbar einfach wären da diese verwickelten Fragen sofort! Ja, sie wären damit schon fast beantwortet und gelöst.

Die Menschen, die nur an ihr Ich denken, die so kleinlich und kurzsichtig sind, daß sie nicht über ihre selbstsüchtigen Absichten hinaussehen können, die haben mehr dazu beigetragen, daß der heutige Zustand so schlimm ist, als alles andere zusammen. Wenn diese Ursache aus der Welt geschafft würde, so würde unendlich viel geändert.

Lange Jahre war es ein Lehrsatz der Volkswirtschaft, daß der Unternehmer seine Arbeiter ganz ebenso kaufe wie seine Rohstoffe oder was er sonst braucht: wenn er sie bezahlt habe, so sei er nicht im mindesten verantwortlich für sie. Die Zeit ist noch nicht fern, wo die Arbeiter wie das Vieh zusammengepfercht und auch dementsprechend behandelt wurden. Aber Gott sei Dank, eine bessere und schönere Zeit hat begonnen. Auch der Unternehmer erkannte, daß werktätige Nächstenliebe – und das ist gleichbedeutend mit wahrem Christentum – in keinem Gegensatz zum »Geschäft« steht, daß der Arbeiter, den er anstellt, nicht ein Tier ist, das er samt seiner ganzen Kraft kauft, sondern ein Mensch und sein Bruder und darum auch als solcher behandelt werden soll, und daß, wenn er das nicht einsieht, ein gerechter Gott einschreitet und die Übertretung dieses Gesetzes straft.

Was immer zum Wohle des Arbeiters, zur Entwicklung seiner körperlichen, geistigen und sittlichen
Kräfte beiträgt, ein freundliches Heim und erfreuliche
häusliche Verhältnisse, alles was ihn sittlich und geistig hebt und wahres Glück in sein Leben bringt – all
das ist, gerade vom Gesichtspunkt des Gelderwerbs
aus, ein unmittelbarer Gewinn für den Unternehmer,
denn es erhöht die Arbeitskraft des Arbeiters. Das hat
auch der Unternehmer eingesehen: Es gilt schon als
anerkannte Tatsache, daß der Unternehmer bessere
Geschäfte macht, der sich um diese Dinge bekümmert. So vergeht das Alte und Falsche vor dem Wahren und Richtigen, wie das schließlich immer geschieht, und das göttliche Ebenbild wird immer mehr
anerkannt.

In den ältesten Tagen der Menschheit geschah es
einmal, daß ein Mann eines der obersten Gesetze
verletzte und seinem Bruder Übles tat; da fragte er:
»Soll ich meines Bruders Hüter sein?« (1. Mos. 4,9).
Er wußte wohl, daß er es wirklich sein sollte, aber er
stellte die Frage so, um womöglich seiner Verantwortlichkeit zu entgehen. Viele Unternehmer haben
in ihrer Selbstsucht und Gewinnsucht ganz ebenso
gefragt, sie haben geglaubt, sie könnten auf diese
Weise die festen und ewigen Gesetze des gerechten
Königs umgehen, aber sie waren in einer schweren
Selbsttäuschung befangen. Diese sind's, die mehr als
alles andere den jetzigen Zustand der Dinge in der
sozialen Frage herbeigeführt haben.

Der Unternehmer mußte erkennen, daß diese alten

Lehren und Gewohnheiten falsch sind und daß er seine Arbeiter nicht ebenso kaufen kann wie seine Rohstoffe, ohne alle weitere Verantwortlichkeit für sie, sondern daß zwischen beiden ein schwerwiegender Unterschied besteht: der Arbeiter ist sein Nebenmensch und sein Bruder, und er ist *seines Bruders Hüter* und wird dafür verantwortlich gemacht, wie er dieses Amt verwaltet hat. Er muß wissen, daß diese Erkenntnis sowohl für ihn als für die Gesellschaft überhaupt das Wichtigste und zugleich das Vorteilhafteste ist, was es geben kann. Der Arbeiter auf der anderen Seite soll seine Persönlichkeit möglichst steigern und dann mit tätiger persönlicher Anteilnahme für den Vorteil des Unternehmens wirken und in ihm zugleich seinen eigenen erblicken. Ehe das nicht geschieht, wird die soziale Frage nicht gelöst werden.

Es ist gar nicht in erster Linie eine Frage der Gesetzgebung, sondern vielmehr eine der Erziehung und der eigenen Tätigkeit. Man muß den einzelnen Menschen dabei anfassen, nicht das Allgemeine, es handelt sich um Vorbeugung und Heilung, nicht um Unterdrükkung oder um gesetzliche Festlegung des Unrechts. Das letztere hilft sicher nichts: Denn wo es sich um Recht und Unrecht handelt, ist eine Frage erst dann endgültig gelöst, wenn die Lösung im Einklang mit dem Recht steht.

Der Mensch muß zum Menschen in ein Verhältnis kommen: das ist die Grundlage für allen sozialen Fortschritt. Ohne das kommt nichts heraus, was den Namen Fortschritt wirklich verdient. Jeder muß ein-

sehen, daß das Wohl des ganzen auf dem Wohl des
Einzelnen beruht und daß das Wohl aller Einzelnen
zusammen das Wohl des Ganzen ausmacht. Also
sorge du immer für einzelne Menschen, das Ganze
wird dann für sich selber sorgen. Wenn die Einzelnen
miteinander Frieden haben, so herrscht in dem Ganzen von selber Friede.

Die alte Lehre von der Konkurrenz, daß zum Fortschritt starke Konkurrenz nötig sei, ist ebenso falsch
als barbarisch und gefährlich. Wir sind auf einem
Punkt angelangt, wo die größeren Geister schon erkennen, daß sie falsch ist. Nicht Konkurrenz, sondern
Kooperation, nicht Wettbewerb, sondern Zusam-
menarbeit mit Gegenseitigkeit, das ist die große
Kraft. Wir steigen nicht, wenn wir unseren Nächsten
herunterziehen und drunten halten wollen, sondern
wenn wir ihm helfen und er uns. So wird die Kraft
nicht im Kampf gegeneinander verschwendet, sondern alle Kräfte werden vereinigt und dadurch ver-
tausendfacht.

Wenn ein Teil in der Tiefe bliebe, so würde es dem
andern nicht viel nützen, in die Höhe zu kommen,
denn sein Friede und sein Glück kann nie so groß
werden, als wenn alle emporkommen. Jeder ist ja nur
ein Teil, nur ein Glied des ganzen sozialen Körpers.
Aber »wenn ein Glied leidet, so leiden alle Glieder
mit« (1. Kor. 12,26): kein Glied, noch viel weniger
der ganze Körper, kann vollkommen gesund sein,
solange ein anderes Glied krank ist. Kein Teil einer
Gemeinschaft oder eines Volkes kann allein stehen,

alle sind gegenseitig voneinander abhängig, das ist die gemeinsame Lehre aller Geschichte von den ältesten bis in die jüngsten Zeiten. Ein vollendetes Beispiel dieser Verkettung – wenn man das Wort »vollendet« auf etwas so Beklagenswertes anwenden darf – waren die Arbeiterunruhen in unserer großen westlichen Stadt vor einigen Jahren, die zu bisher ungekannter Größe anwuchsen. Wer weise ist, der lernt von solch schrecklichen Erfahrungen!

Ehe wir nicht diesen alles beherrschenden Grundsatz völlig erkennen und alles auf ihn gründen, ehe nicht der Grundsatz der Brüderlichkeit und der wahren Einheit uns in Fleisch und Blut übergegangen ist und jeder weiß, daß sein Vorteil wie sein Wohl mit dem seines Nächsten unlöslich verknüpft sind, daß er so gut wie jeder andere nur ein Teil eines großen Ganzen ist und nur Schulter an Schulter mit seinem Nebenmenschen vorwärts kommen kann – ehe das nicht erreicht ist, darf niemand an die Möglichkeit einer Lösung der großen sozialen Aufgaben der Gegenwart oder einer bleibenden Hebung unseres nationalen und sozialen Lebens und Wohles denken.

Auch für die Fragen der Armenpflege gibt es keine andere Lösung als diese, wie man in den letzten Jahren doch allmählich einzusehen beginnt. Alle die glänzenden und erfolgreichen Arbeiten der planmäßigen Armenpflege in unseren großen Städten sind so gut Zeugen dafür wie die Einrichtungen nach dem Vorbild von Elberfeld, die in Deutschland so weit verbreitet sind. Unzählige Arten und Formen hat man versucht, aber der Mißerfolg im Ganzen liegt vor aller Augen, ja manches, was in der besten Absicht geschehen ist, hat keine andere Wirkung gehabt, als die Zustände bei denen noch schlimmer zu machen, denen man helfen wollte. Seit einiger Zeit hat man diese so außerordentlich wichtigen Fragen in einer Art behandelt, die wahrhaft wissenschaftlich und wahrhaft christlich ist und zugleich dem gesunden Menschenverstand entspricht. Man hat eingesehen, daß die persönliche und gemütliche Wirkung eines auf dem Grundsatz des Dienstes für andere aufgebauten Lebens durch nichts anderes ersetzt werden kann.

Die Frage, wie dem Armen und Bedürftigen zu helfen sei, hat im Lauf der Weltentwicklung drei verschiedene Antworten gefunden. In alten Zeiten hieß es: »Jeder für sich; den letzten holt der Teufel.« Seit der Zeit Christi und bis in die letzten Jahre sagte man: »Hilf dem anderen.« Jetzt aber heißt die Losung und Lösung: »Hilf dem anderen, sich selber zu helfen.« Der Reiche, der auf der Fünften Avenue in New York oder auf der Michigan-Avenue in Chicago oder der Charlesstraße in Baltimore oder der Commonwealth-Avenue in Boston dahinwandelt und einem Bettler eine Münze hinwirft, ist so weit davon entfernt, etwas wahrhaft Mildtätiges zu tun, daß er vielmehr höchst wahrscheinlich den Beschenkten und die Gesellschaft im allgemeinen geradezu schädigt. Das ist eine sehr billige Art, sich mit dem Mit- oder Pflichtgefühl abzufinden! Das Wort »Mildtätigkeit« schließt immer Anteilnahme, wahre Güte, Hilfsbereitschaft und Liebe ein: Man sollte es nicht mißbrauchen und als gleichbedeutend mit bloßem Almosengeben ansehen, denn dazu gehört schließlich auch das unwillige oder eitle Hinwerfen eines Pfennigs.

Man sieht jetzt ein, daß der beste, ja der einzige Weg, einem Menschen zu helfen, der ist, daß man ihm hilft, sich selber zu helfen, und daß die Vernachlässigten nicht sowohl ein Almosen als vielmehr einen Freund brauchen. Deshalb gehören zu den Einrichtungen der planmäßig geordneten Armenpflege mit ihren Zweigvereinen für die verschiedenen Stadtteile jetzt »freundschaftliche Besucher«, meist freiwillig helfende und aus den besten Familien stammende Männer oder Frauen.

Wenn ein Fall von Bedürftigkeit zur Kenntnis des Vereins gelangt, so geht eines von diesen zu dem Betreffenden, um dort als *Freund* nachzusehen, welche Umstände die Not herbeigeführt haben; und wenn die Würdigkeit nachgewiesen ist, so wird der ersten Not abgeholfen, man vermittelt den Leuten Arbeitsgelegenheit und sucht sie in jeder Weise wieder auf eigene Füße zu stellen, damit sie wieder Selbstachtung gewinnen und wieder hoffen können. Denn nichts läßt einen Menschen seine Selbstachtung so rasch verlieren, als die notgedrungene oder freiwillige Bitte um Geldunterstützung.

So beginnt mancher ein neues Leben, indem Mut und Hoffnung an die Stelle seiner Niedergeschlagenheit und Verzweiflung treten. Aber es bleibt nicht bei

diesem einzigen Besuch des »freundschaftlichen Be-
suchers«, sondern er sucht wirklich dem Notleidenden ein *Freund* zu werden, und als solcher besucht er
ihn regelmäßig. Auf diese Art findet man auch einen
Betrug bald heraus und tut natürlich sofort Schritte,
daß die Sache abgebrochen wird. Solchergestalt leisten diese Vereine eine ganz ausgezeichnete Arbeit,
und je besser sie ausgebaut und gegliedert werden,
desto wertvoller wird ihre Arbeit sein, dabei kommt
es heute am allermeisten auf den rechten Geist an, in
dem diese »freundschaftlichen Besuche« gemacht
werden.

Dasselbe Gefühl hat unsere »Studentenniederlas-
sungen« und »unsere Nachbarvereine« ins Leben ge-
rufen, Einrichtungen, die so rasch wachsen und eine
große Zukunft haben. Eine kleine Schar von jungen
Mädchen, viele aus den besten Familien stammend
und alle zu den besten Schülerinnen unserer besten
Schulen gehörend, und ebenso von jungen Männern,
die teilweise die besten Abgangsprüfungen an einer
Hochschule gemacht haben, schlagen eine Zeitlang
ihren Wohnsitz in den ärmsten Vierteln unserer großen Städte auf und versuchen, durch ihren persönlichen Einfluß ihre Umgebung auf einen höheren
Standort zu heben. So kommt man unmittelbar an die
Armen und Elenden heran, so berühren sich die sonst
getrennten Stände, so wird der Gefühlsseligkeit ein
Ende gemacht, die in diesen Dingen schon so manches
Unheil verschuldet und die Hilfsbedürftigen oft mehr
zurück als vorwärts gebracht hat, mit einem Wort, so

leistet man wahren Dienst, und den Bedürftigen wird wirklich geholfen.

Wer sein Leben auf den Grundsatz des Dienstes für andere aufbaut, der wird eine solche Tätigkeit nicht übernehmen, um damit zu tändeln oder weil sie vielleicht gerade in der Mode ist, sondern weil sie recht, gut und Christus-ähnlich ist. Wahrhaft große und edle Menschen scheuen sich durchaus nicht, mit Ärmeren und vom Glück weniger Begünstigten in solche Berührung zu kommen. Das tut nur, wer durchaus für groß gelten will, aber in Wirklichkeit zu klein dazu ist, und deshalb immer nur daran denkt, wie er groß scheinen könnte: Ja, es ist geradezu der Prüfstein wahrer Größe, ob einer so handelt.

Es ist vollkommen wahr, was einer gesagt hat: das Größte, was ein Mensch für Gott tun kann, besteht darin, daß er gegen ein Kind Gottes gütig ist. Dies ist, kurz zusammengefaßt, der Inhalt einer der letzten Reden Jesu (Matth. 25,31–46). Alle Menschen sind Kinder desselben Vaters, deshalb sind sie alle Brüder und Schwestern. Der Mensch steht von allen Geschöpfen Gott am nächsten, ja in ihm ist Gott selbst verkörpert, so kann also wahre Menschlichkeit nicht allzuweit von Göttlichkeit entfernt sein. Es gibt viele Menschen, denen es sehr am Herzen liegt, das zu tun, was sie »Gottesdienst« nennen. Als das Höchste erscheint ihnen der Bau großer Gebäude für Gott mit prächtigem Schmuck. Sie verwenden einen großen Teil ihrer Zeit darauf, ihm Lobgesänge zu singen – als ob er so etwas für sich wünschte, als ob er nicht himmelhoch darüber erhaben wäre, etwas zu bedürfen, was wir sagen oder tun können? Nein, so etwas will er gar nicht, wenn derweil auch nur eines seiner Kinder kein Brot hat oder das Brot des Lebens entbehrt.

Kannst du dir einen Gott vorstellen, der Liebe und Dienst verdient und – ich sage es in aller Ehrfurcht – unter unseren heutigen sozialen Verhältnissen mit Dingen wie Kirchenbauten und Lobgesängen zufrieden ist? Ich gestehe offen: ich kann es nicht. Ich kann mir schlechterdings keine andere Art vorstellen, Gott zu dienen, als wenn ich ihm im täglichen Leben und an meinem Nächsten diene. Das ist jedenfalls der einzige »Gottesdienst«, den er haben will oder der ihm wohlgefällig ist. Und wenn ich das behaupte, so habe ich die Bibel selbst auf meiner Seite, das Alte wie das Neue Testament. So läßt *Amos* den Herrn sprechen: »Ich bin euren Feiertagen gram und verachte sie; ich mag nicht riechen in eure Versammlung. Ob ihr mir gleich opfert, so habe ich keinen Gefallen daran, mag auch eure Dankopfer nicht ansehen. Tue nur weg das Geplärr deiner Lieder, denn ich mag dein Psalterspiel nicht hören. Es soll aber das Recht offenbart werden wie Wasser und Gerechtigkeit wie ein starker Strom« (Amos 5,21–24). Und ganz ebenso *Jesaias*: »Was soll mir die Menge eurer Opfer? Bringet mir nicht mehr Opfer so vergeblich! Den Sabbat, da ihr zusammenkommt, den mag ich nicht. Und wenn ihr schon eure Hände ausbreitet, wende ich doch meine Augen von euch, und ob ihr schon viel betet, höre ich euch doch nicht. Waschet, reiniget euch, tut euer böses Wesen von meinen Augen, laßt ab vom Bösen. Lernet Gutes tun, trachtet nach Recht, helft dem Bedrückten, schaffet dem Waisen Recht und helfet der Witwen Sache« (Jes. 1,11–17). Und vollends deutlich heißt es im Neuen Testament: »So jemand spricht: ›Ich liebe Gott‹, und liebt doch nicht seinen Bruder, der ist ein Lügner: denn wer seinen Bruder nicht liebt, den er sieht, wie kann er Gott lieben, den er nicht sieht? Und dies Gebot haben wir von ihm: daß, wer Gott liebt, daß er auch seinen Bruder liebe« (1. Joh. 4,20–21).

Auch in der Religion ist, wie wir allmählich erkennen, dieser Grundsatz des Dienstes, der Hilfsbereitschaft, der Güte und Liebe das Oberste und Wichtigste. Und wenn du fragst, ob nicht das Christentum etwas noch Höheres sei, so antworte ich mit der Gegenfrage: Ist denn dieser Grundsatz etwas anderes als eben das Christentum selbst – wenigstens wenn wir das Christentum meinen, das der Meister selbst gelehrt hat? Wer ist denn ein Christ im wahren Sinn des Wortes, nicht ein bloßer Namenchrist? Doch offenbar einer, der Christus nachfolgt, der tut, was Christus getan hat, der lebt, wie Christus gelebt hat. Und was hat Christus getan, wie hat er gelebt? Er hat die Kranken geheilt, die Nackten gekleidet, die gebeugten Herzen aufgerichtet, die Schwachen und Strauchelnden gestützt und ermutigt, die Armen und Elenden getröstet und ihnen geholfen, die Stolzen und Selbstsüchtigen gedemütigt; er hat die Menschen ge-

lehrt, wie sie edel, hilfreich und gut sein und in Übereinstimmung mit ihrem höheren göttlichen Selbst leben können, wie der größte unter ihnen der Diener
aller anderen sein soll und wie nur der sein Jünger ist,
der lebt, wie er gelebt hat. Er hat sein ganzes Leben in
den Dienst der Menschheit gestellt und für diesen
Dienst hingegeben. Mit einem Wort, wie sein Jünger
von ihm gesagt hat: »Er ist umhergezogen und hat
allen wohlgetan« (Apostelgesch. 10,38).

Willst du zu seinen Jüngern gerechnet werden und
den hohen Ehrennamen eines »Christen« tragen?
Dann sitze zu seinen Füßen und lerne von ihm; liebe
ihn und tue, was er dir geboten hat, lebe so, wie er
gelebt und dich zu leben gelehrt hat. Dann bist du ein
Christ, sonst nicht. Wahres Christentum ist nur da,
wo man dies tut.

Es kommt nicht darauf an, ob einer sich Christ
nennt oder nicht; denn allzu viele legen sich diesen
Namen bei, zu denen Christus am Tage des Gerichtes sprechen muß: »Ich habe euch nie gekannt,
weichet von mir, ihr Übeltäter« (Matth. 7,23). Es
kommt auch nicht darauf an, welches Glaubensbe-
kenntnis einer unterschreibt, welche gottesdienstli-
chen und religiösen Gebräuche er beobachtet, wie
geräuschvoll und wie wiederholt er auch sein Bekenntnis aussprechen mag. All das ist völlig wert- und
nutzlos, wenn er nicht wirklich ein Christ *ist*, und das
ist er, wie wir gesehen haben, bloß, wenn er Christus
nachfolgt, wenn er tut, was Christus getan hat, und
lebt, wie Christus gelebt hat. Darum lebe du das

Leben Christi. Lebe so, daß du eins mit Gott wirst, und verharre beständig in dieser seligen Vereinigung. Der ganze Irrtum der Vergangenheit lag darin, daß so viele die Person Christi, den »Christus nach dem Fleisch«, verwechselt haben mit seinem Leben, seinem Geist und seiner Lehre und in den meisten Fällen über diese Verwechslung nicht hinausgekommen sind.

Hie und da in langen Zwischenräumen erleben wir es, daß ein Mensch vor uns tritt voll hoher Kraft und göttlicher Erleuchtung – und dann verwundern wir uns, woher er das hat. Aber wenn wir genau zusehen, so werden wir finden, daß die Erklärung in allen diesen Fällen die gleiche ist. Ein solcher Mensch lebt ein Leben, das diese Kraft aus sich erzeugt, eben das Leben Christi. Er begnügt sich nicht, dieses Leben von ferne zu betrachten und zu bewundern, er sagt nicht »Ich glaube, ich glaube« – und damit ist dann alles zu Ende; sondern er lebt dieses Leben selber. Mit anderen Worten: er hat das Himmelreich gefunden. Er hat entdeckt, daß es nicht ein Ort, sondern ein Zustand ist, und so jubelt er nun: Hier ist Freude, nichts als Freude.

Ein Jünger des Meisters hat gesagt: »Der Allerhöchste wohnt nicht in Tempeln, die mit Menschenhänden gemacht sind« (Apostelgesch. 7,48), und der Meister selbst sagt: »Das Reich Gottes kommt nicht mit äußerlichen Gebärden; man wird auch nicht sagen: Siehe, hier oder da ist es. Denn sehet, das Reich Gottes ist inwendig in euch« (Luk. 17,21). Er hat also deutlich gezeigt, wo es zu finden sei, und ebenso auch, wie man *alles andere* finden könne: »Trachtet am ersten nach dem Reich Gottes und nach seiner Gerechtigkeit, so wird euch das übrige alles zufallen« (Matth. 6,33). Wunderst du dich da noch über seine Kraft, seine Erleuchtung, seinen überströmenden Reichtum? Viele Menschen behaupten, daß sie alles glauben, was der Meister gesagt hat, aber sie handeln dabei gerade, wie wenn sie es nicht glaubten! Sie nehmen ihn nicht beim Wort; sie glauben *ein* Ding und tun ein anderes, ihre Taten strafen ihre Worte Lügen. Anstatt ihn beim Wort zu nehmen und so zu leben, wie der Glaube an ihn es erfordert, folgen sie lieber alten, veralteten, von Menschen gemachten Lehrsätzen, Überlieferungen, Formen und Gebräuchen und begnügen sich mit dem, was dabei herauskommt. Aber das ist nichts: *ein Christ sein, das heißt, das Leben Christi leben,* das Leben dessen, der »umhergezogen ist und allen wohlgetan hat«, das Leben dessen, der »nicht gekommen ist, daß er sich dienen lasse, sondern daß er diene« (Matth. 24,28).

Wir müssen einsehen, daß dieser Grundsatz der Liebe und des Dienens der größte ist, nach dem man sein Leben einrichten kann, und ebenso, daß er eines der Tore ist, durch die wir in das Himmelreich eingehen müssen.

Auch dafür haben wir das Wort des Meisters selbst. In der einzigen Beschreibung des jüngsten Gerichtes, die aus seinem eigenen Munde stammt, spricht er davon, wie des Menschen Sohn kommen wird in seiner Herrlichkeit und alle heiligen Engel mit ihm, wie er auf dem Thron seiner Herrlichkeit sitzen und alle Völker vor ihm versammelt werden, wie er sie voneinander scheiden und die einen zu seiner Rechten, die anderen zu seiner Linken stellen wird. »Dann wird der König sagen zu denen zu seiner Rechten: Kommet her, ihre Gesegneten meines Vaters, ererbet das Reich, das euch bereitet ist von Anbeginn der Welt. Denn ich bin hungrig gewesen und ihr habt mich gespeist. Ich bin durstig gewesen und ihr habt mich getränkt. Ich bin ein Gast gewesen und ihr habt mich beherbergt. Ich bin nackend gewesen und ihr habt mich bekleidet. Ich bin krank gewesen und ihr habt mich besucht. Ich bin gefangen gewesen und ihr seid zu mir gekommen. Dann werden ihm die Gerechten antworten und sagen: Herr, wann haben wir dich hungrig gesehen und haben dich gespeist? oder durstig und haben dich getränkt? Wann haben wir dich einen Gast gesehen und beherbergt? oder nackend und haben dich bekleidet? Wann haben wir dich krank oder gefangen gesehen und sind zu dir gekommen? Und der König wird antworten und sagen zu ihnen: Wahrlich, ich sage euch: *Was ihr getan habt einem unter diesen meinen geringsten Brüdern, das habt ihr mir getan.*

Dann wird er auch sagen zu denen zu seiner Linken: Gehet hin von mir, ihr Verfluchten! Denn ich bin hungrig gewesen und ihr habt mich nicht gespeist. Ich bin durstig gewesen und ihr habt mich nicht getränkt. Ich bin ein Gast gewesen und ihr habt mich nicht beherbergt. Ich bin krank und gefangen gewesen und ihr habt mich nicht besucht. Dann werden sie ihm auch antworten und sagen: Herr, wann haben wir dich gesehen hungrig oder durstig oder einen Gast oder nackend oder krank oder gefangen und haben dir nicht gedient? Dann wird er ihnen antworten und sagen: *Was ihr nicht getan habt einem unter diesen Geringsten, das habt ihr mir nicht getan.*«

Nach der Vorstellung der Dichter war der heilige Gral das Gefäß, aus dem Jesus mit seinen Jüngern das Abendmahl genoß. Joseph von Arimathia brachte es nach England und dort blieb es viele Jahre im Besitz und unter der Obhut seiner Nachkommen als Gegenstand der Verehrung zahlreicher Pilger. Wer zu seinen Hütern gehörte, der hatte die Verpflichtung, rein zu sein in Gedanken, Worten und Werken. Als einer der Hüter diese Pflicht verletzte, verschwand der Gral. Seit dieser Zeit war es ein Lieblingsunternehmen der Ritter von Artus' Tafelrunde, daß sie auszogen, um den Gral zu suchen. Der Ritter Launfall hatte den größten Teil seines Lebens in allen Himmelsstrichen vergeblich nach dem Gral gesucht, er glaubte, damit Gott den größten Dienst zu erweisen. Endlich kehrte er heim, ein alter Mann, grauhaarig und gebeugt. Er findet sein Schloß von anderen besetzt und sich selbst dort ausgeschlossen. Sein Gewand ist zerrissen; auf einem Roß mit goldenen Zügeln war er als Jüngling ausgezogen, voll Hoffnung und Ehrgeiz, jetzt kommt er zu Fuß, auf einen Stab gestützt. Während er in trüben Gedanken dasitzt, kommt derselbe arme aussätzige Bettler wieder zu ihm, an dem er am Morgen seines Ausritts vorbeigeritten war und dem er damals in seinem Eifer, rasch in den Dienst Gottes zu kommen, nur verächtlich ein Geldstück hingeworfen hatte. Jetzt aber hat sich alles verändert, er ist weise geworden. Wieder spricht der Aussätzige zu ihm:

»Um Gottes willen schenkt mir was!«
Der Ritter sieht am Weg im Gras
Den alten, kranken Bettler steh'n,
Bleich und gräßlich anzuseh'n,
Weiß wie die Inseln der nordischen See,
Einsam mit seinem schrecklichen Weh.

Und der Ritter spricht: »Ich seh' in dir
Ein Bild des Heilands steh'n vor mir.
Auch du trägst eine Dornenkron',
Auch du mußt leiden Spott und Hohn,
Auch du fühlst in des Lebens Streit
Die Wunden in Hand, Fuß und Seit'.
O milder Heiland, sieh mich an:
Dir tu ich's, was ich tu dem Mann.«

Des Bettlers Auge glänzte hell,
Den Ritter kennt er auf der Stell',
Der einst in seinem stolzen Sinn
Ihm warf so karge Gabe hin,
Als in goldenem Harnisch dazumal
Er suchen ging den heiligen Gral.
Jetzt ist sein Herz von Hochmut frei,
Sein einzig Brot bricht er entzwei,

Ein Loch er schlägt in Bächleins Eis
Und reicht dem Bettler Trank und Speis'.
's war nur ein Stücklein schwarzes Brot,
Ein hölzerner Becher, den er ihm bot:
Doch als der's aß, war's Weißbrot fein,
Und was er trank, war roter Wein.

Der Ritter sinnt und spricht kein Wort:
Ein helles Licht glänzt an dem Ort,
Der Bettler kauert nicht mehr da,
Er steht vor ihm in Gloria.
Herrlich und hehr, so steht er dort,
Wie die Säule vor der Schönen Pfort',
Er selber die Pforte, eng und klein,
Durch die man geht zum Himmel ein.

Und eine sanfte Stimme spricht:
»Ich bin es, Ritter, fürcht' dich nicht.
In vielen Landen allzumal
Hast du gesucht den heiligen Gral.
Such ihn nicht länger: er ist hier!
Der Becher ist's, den du gabst mir!
Das Brot mein Leib, der am Kreuze hing,
Das Wasser mein Blut, das der Gral empfing.
Das heilige Mahl ein jeder empfängt,
Der brüderlich teilt, wenn er Arme beschenkt;
Nicht Almosen geben, nur brüderlich teilen
Kann Not und Elend wirklich heilen.
Wer sich selber hingibt, der macht drei reich:
Den Armen, sich selber und mich zugleich!«

Man fürchtet manchmal und spricht es auch aus, daß das Befolgen dieses Grundsatzes der Hilfsbereitschaft und des Dienens unter Umständen bloße Gefühlsschwärmerei sein könne, oder, was noch schlimmer wäre, daß es dazu beitragen könne, dem anderen seinen Unabhängigkeitssinn zu rauben und so mehr Schaden als Nutzen zu stiften. Darauf möchte ich antworten: Das kann allerdings der Fall sein, wenn nämlich die Liebe, die dich treibt, nicht frei von Selbstsucht oder nur ein weichliches Gefühl oder nur ein Versuch ist, Anerkennung zu gewinnen, oder wenn der gesunde Menschenverstand dabei fehlt. Aber wenn es starke, echte, selbstlose Liebe ist, dann sei unbesorgt! Denn wenn meine Liebe zum Nächsten wirklich die rechte ist, dann werde ich nie etwas tun, das zu seinem oder zu irgend jemandes Schaden ausschlagen könnte, nichts, das ihm nicht im höchsten Sinne zum besten dient. Wenn er zum Beispiel etwas von mir verlangt, von dem ich überzeugt bin, daß es ihm nicht wirklich gut ist, wenn ich es ihm gebe, so erwächst mir eben aus meiner Liebe die Pflicht, es ihm zu verweigern. Wahre, echte und selbstlose Liebe gibt nichts und läßt nichts zu, was irgendwie schädlich sein könnte. Deshalb ist der Grundsatz der Liebe in seinem wahren Sinn weit entfernt davon, bloße schwächliche Gefühlsseligkeit zu sein; im Gegenteil, er ist von allem Nützlichen das Nützlichste.

Noch ein Wort darüber, wie wahre Liebe und rechtes Dienen sich als selbstlos erweisen im Unterschied von dem bloßen Wunsch, gesehen und gerühmt zu werden. Die Echtheit zeigt sich darin, daß die Liebe einfach hingeht und das Gute tut, aber nicht darüber spricht, sondern das Sprechen anderen überläßt. Ja, die wahre Liebe spricht nicht bloß selber nicht über ihre Taten, sondern sie will gar nicht, daß sie bekannt werden: Je größer die Liebe, desto größer der Wunsch, verborgen zu bleiben; es genügt, wenn Gott und sie selber darum weiß. Jene ärmliche Sehnsucht nach Anerkennung und eitler Ehre liegt ihr gänzlich fern, ebenso wie alles Reden über das, was sie getan. Wahre Liebe ist ganz verschieden von dem halb handwerksmäßigen, halb der Mode folgenden Wohltun: Sie beweise sich dadurch, daß sie aus meiner innersten Natur fließt, mir offenen Sinn, offenes Herz und offene Hände verleiht, so daß ich jeden Tag tue, was zu tun ist, und darin wahres Leben und Glück finde. So wird ihr auch, ohne daß sie es erstrebt, der höchste Preis zuteil, den es gibt. Erst vor kurzer Zeit hörte ich über jemand, der bloß seiner liebevollen Natur folgt und an nichts anderes denkt, die Worte sagen: »Wieviel Gutes tut er im Verborgenen, und die Welt weiß nichts davon.«

DIE FRUCHT

Häßlich und grau die Larve kriecht
  In enger Dumpfheit Haft:
Die Tage schwinden, stille wirkt
  In ihr des Gottes Kraft.
    Die Hülle bricht:
Und selig fliegt der Falter auf zum Licht.

Unsicher schwankt der Mensch dahin
  Gehetzt von Leidenschaft:
Die Jahre schwinden, stille wirkt
  In ihm des Gottes Kraft.
    Da glänzet mild
Hervor des ew'gen Gottes Ebenbild.

Der Meister unter den Lehrern, dessen Worte uns Menschen der abendländischen Bildung am meisten ans Herz dringen, hat uns gesagt, daß die höchste, ja die ganze Pflicht des Menschen in zwei einfachen, aber großen Geboten beschlossen ist: Liebe zu Gott und Liebe zum Nächsten. Das zweite haben wir eben eingehend betrachtet. Wir haben gesehen, daß die Liebe zum Nächsten, richtig erfaßt, nicht bloß eine unbestimmte gefühlsmäßige Allgemeinheit ist, sondern eine lebendige Kraft: Sie erweist sich wirksam als Leben, als Tat, als Dienst. Wir wollen uns nun noch der Betrachtung des ersten dieser Gebote, der Liebe zu Gott, zuwenden, von der freilich im Zusammenhang unserer bisherigen Ausführungen schon öfters die Rede gewesen ist: Wir wollen sehen, was ihr wahres Wesen ist.

Da erhebt sich nun von selbst gleich zu Beginn die Frage: Wer ist Gott? Was ist Gott? Nach meiner Überzeugung ist nie und nirgends, in keinem Land und in keiner Sprache eine wahrere und tiefere Antwort auf diese Frage gegeben worden, als die, die der Meister selbst am Jakobsbrunnen jener Samariterin gegeben hat: »Gott ist Geist, und die ihn anbeten, die müssen ihn im Geist und in der Wahrheit anbeten« (Joh. 4,24). Gott ist Geist: Er ist der unendliche Geist, das unendliche Leben, das hinter all den natürlichen Vorgängen steht, die wir in dieser veränderlichen Welt wahrnehmen, das Leben, von dem wir und alles, was ist, nur die stoffliche Verkörperung sind. Er ist der eine unendliche Geist, der das ganze All mit sich selbst erfüllt, so daß alles Gott ist, weil Gott alles ist. Alles ist Gott: das heißt, alle Dinge sind nur Teile Gottes, wenn man so sagen darf; denn wenn er wirklich alles ist, so kann es nichts geben, was ein Dasein außerhalb des göttlichen Seins besäße, was nicht zu ihm gehörte als ein Stück von seinem Sein. So ist also auch jeder von uns ein Teil von diesem ewigen Gott, der von uns nicht getrennt ist. Es ist im wörtlichen Sinne wahr, was Paulus zu den Athenern sprach: »Gott ist nicht ferne von einem jeglichen unter uns, denn in ihm leben und weben und sind wir, wie auch etliche Poeten bei euch gesagt haben: wir sind seines Geschlechtes« (Apostelgesch. 17,27. 28). *Er ist das Leben unseres Lebens,* ja er ist unser Leben selbst. Das Leben Gottes ist in uns, wir sind in seinem Leben, aber dieses Leben überragt das unsrige so weit, daß es alles andre einschließt: alle Menschen und alle Tiere, jeden Grashalm und jede Blume, jedes Stäubchen, jedes Atom belebten oder unbelebten Stoffes. So ist Gott *alles*: und wenn er das ist, dann muß auch jeder Mensch, dann müssen auch wir beide, du und ich, lebendig zusammenhängende Teile dieses Alls und darum also auch wesentlich eins mit Gott sein, so gut das Wasser, das in einem Gefäß aus dem Meer geschöpft wird, seinem Wesen, seinen Eigenschaften und Eigentümlichkeiten nach mit dem Meer, seiner Quelle, eins ist. Gott ist also der unendliche Geist, von dem wir alle Teile in der Form persönlicher Einzelgeister sind. Gott ist Geist und schafft, herrscht und tut sich kund durch große geistige Gesetze und Kräfte, die uns auf allen Seiten umgeben, die das ganze All durchwalten und zu Einem machen: denn in gewissem Sinn kann man sagen, daß im ganzen Weltall nichts vorhanden ist als Gesetze. Und wie großartig ist es nun: diese selben großen geistigen Gesetze sind auch in uns wirksam, sie sind die Gesetze unseres Wesens, sie bestimmen alle Äußerungen unseres Einzellebens.

Diese Einheit des Menschen mit Gott in dem eben beschriebenen Sinn ist eine Wahrheit, die heute der Menschheit immer klarer aufgeht. Damit kommt uns aber zugleich zum Bewußtsein, daß wir nicht bloß natürliche, körperliche Wesen sind; denn das Körperliche ist nur der Stoff, den das wahre innere Selbst, das wahre Leben oder der Geist braucht, um sich dadurch zu betätigen. Wir sind vielmehr Geist. Dieser Geist wohnt zwar in einer körperlichen Wohnstätte und braucht sie zum Verkehr mit der ihn umgebenden Körperwelt, aber er bleibt trotzdem Geist; ja, je mehr er sein innerstes wahrstes Selbst erkennt, desto mehr entwickelt er sich Schritt für Schritt zu der höchsten Verwirklichung seines wahren Wesens: Denn dieses sein wahres Selbst ist Gott selber. Einer unserer größten Denker hat den Ausspruch getan: »Man sagt, der Mensch habe eine Seele. Aber eine Seele *habe* ich nicht, sondern eine Seele *bin* ich; nur vom Körper kann man sagen, daß ich ihn *habe*.« Die Bibel sagt uns, der Mensch sei geschaffen nach dem Bilde Gottes. Gott aber ist Geist. Wenn nun die Bibel die Wahrheit sagt, was muß also der Mensch sein?

Es war einer der größten Irrtümer der Vergangenheit, daß wir unsern Leib für unser wahres Selbst ansahen, während er doch nur das Haus ist, das wir in unserer jetzigen Daseinsform bewohnen, ein Haus aus Erde und bestimmt, früher oder später wieder zu Erde zu werden. Entweder haben wir also unser wahres Selbst mit etwas anderem verwechselt, oder wir haben es ganz aus dem Gesicht verloren. Der Erfolg ist jedenfalls, daß wir das Leben von der falschen Seite aus ansehen, nämlich von außen her, während doch alles wahre Leben von innen nach außen geht.

Wir haben damit für unser Leben die bewußte Übereinstimmung mit den höchsten Gesetzen unseres Wesens aufgegeben, und die Folge davon ist, daß wir gegen den Strom der göttlichen Ordnung schwimmen. Ist es da ein Wunder, daß unser Leben voll ist von Kämpfen, Mißklängen und Leiden, von Furcht und Sorge, daß wir alle Augenblicke zu Fall kommen und über die unerforschlichen und unbegreiflichen Wege der Vorsehung klagen? Sobald wir unser Leben in Übereinstimmung mit jenen höchsten Gesetzen unseres Wesens und so auch mit der Richtung des Stromes der göttlichen Ordnung bringen, werden wir »auffahren mit Flügeln wie die Adler« (Jes. 40,31), und jeder Mißklang wird verschwinden. Und wenn wir dann rückschauend unser Leben überblicken, so werden wir sehen, wie wunderbar alles ineinander greift zum höchsten und vollkommensten Einklang.

Manche, vielleicht viele werden sagen, ich behauptete zu viel. Aber ich behaupte nicht mehr, als der Meister aller Lehrer uns verheißen hat, wenn er so oft sagt: »Trachtet am ersten nach dem Reich Gottes und nach seiner Gerechtigkeit, so wird euch *das übrige alles zufallen.*« Und er hat uns auch über das Wesen dieses Reiches nicht im Dunkeln gelassen, sondern sagt deutlich: »Das Reich Gottes kommt nicht mit äußerlichen Gebärden, man wird auch nicht sagen: siehe, hier oder da ist es; denn sehet, das Reich Gottes ist inwendig in euch.« *Inwendig in euch!* Das ist das innerliche, geistige Reich, das Reich des höchsten Selbst, das heißt eben Gottes, das Reich völligen Einklangs mit den höchsten Gesetzen unseres Wesens.

Der Meister hat seine Worte nicht bloß als rednerische Übungen betrachtet oder sie ausgesprochen, weil er sich etwa gerne reden hörte; sondern als die verkörperte Einsicht und Kraft kannte er die großen geistigen Gesetze und Kräfte, unter denen wir leben, und ebenso die oberste Wahrheit in der Welt, *daß der Mensch ein geistiges, zur Herrschaft geborenes Wesen ist* und daß er durch Erkenntnis seines wahren Selbst und durch vollkommene Übereinstimmung mit den geistigen Gesetzen und Kräften, unter denen er lebt, fähig wird, sich ihrer so zu bedienen, daß sie jedem Winke gehorchen und er alles erlangt, was er will. Dies gehört zum Wunderbarsten, was es gibt, aber es ist wissenschaftlich festgestellt. Wenn er den Eingang in dieses Reich gefunden hat, dann erfüllt sich ihm die große Verheißung: »Sorget nicht für den andern Morgen, denn der morgende Tag wird für das

Seine sorgen« (Matth. 6,34). Ja wahrhaftig, wir sehen das Leben von der verkehrten Seite aus an. Wir verwenden all unsere Zeit und Kraft auf das Körperliche, das Stoffliche, das bloße Äußere und was dazu gehört und übersehen so das wahre Leben. Und das nennen wir nun Leben und sind wohl gar noch zufrieden damit! Kein Wunder, daß aus so mancher Seele die bange Frage dringt: Ist das Leben lebenswert? Aber wer auch nur angefangen hat, wirklich zu leben, der kann nicht mehr so fragen. Denn wenn wir das Reich Gottes gefunden haben, *dann ist das Leben nicht länger Mühsal, sondern es ist Lust, Freude, Entzükken.* Ja, du wirst finden, daß Übel und Irrtum, Krankheit und Leiden, Furcht und Sorge nur zum körperlichen, stofflichen und vergänglichen Leben gehören, während Friede und Freude, Glück und Wachstum, Reichtum und Überfluß mit dem geistigen Leben verbunden sind, das sich immer steigert, das unvergänglich und ewig ist. Statt über das Schicksal zu klagen, wollen wir unser Ich, unser mißleitetes Ich anklagen, denn alles, was uns trifft, ist die Wirkung von Ursachen, die wir selbst oder unsere Vorfahren in Wirksamkeit gesetzt haben. Durch Zufall geschieht überhaupt nichts, *denn im ganzen Weltall ist nirgends Raum für den Zufall. Wir* erschaffen alles, was uns begegnet. Wenn uns also die Wirkungen nicht gefallen, so können wir nur eines tun: nämlich die Ursachen ändern, und das steht vollkommen in unserer Macht, sobald wir zur Erkenntnis unseres wahren Selbst erwachen.

Wir schaffen unseren eigenen Himmel und unsere eigene Hölle, und der einzige Himmel und die einzige Hölle, die es gibt, sind die, die wir geschaffen haben. Die Ordnung des Alls ist gegeben: sie wird nur gestört, wenn unser Leben in Widerspruch mit ihr steht und wir so die Gesetze übertreten, unter denen wir leben. Die Ordnung bestimmt das Gute für alle, das, was wir Übel nennen, ist nichts anderes als die Folge unserer Übertretung der Gesetze – und da wundern wir uns noch, daß »ein gerechter und gütiger Gott die und die Dinge zuläßt!« Wir wundern uns über die unbegreiflichen und unerforschlichen Wege der Vorsehung, wie wir zu sagen pflegen, während doch alles in Wirklichkeit nur unser eigenes Werk ist. Wir können also unsere besten Freunde oder unsere schlimmsten Feinde sein: ja der einzige wirkliche Feind, den einer haben kann, ist sein eigenes Ich.

Es ist eine bekannte wissenschaftliche Erkenntnis, daß der große Erfolg der Entwicklung im allmählichen Fortschritt vom Niederen zum Höheren, vom Gröberen zum Feineren, oder richtiger gesagt, vom Grob-Stofflichen zum Fein-Geistigen besteht. Diese immer feinere und höhere Vergeistigung des Lebens ist der Vorgang, der uns in der ganzen Welt umgibt. Alles bewegt sich auf demselben Wege vorwärts: das eine schneller, das andere langsamer. Die endliche Bestimmung für alle ist das höhere Leben, das Finden des höchsten Selbst. Dazu werden wir entweder geführt oder geschoben: geführt, wenn wir die höheren Gesetze unseres Lebens erkennen und anerkennen, geschoben, wenn wir sie verletzen und erst durch Erfahrung, vielleicht durch bitteres Leid wieder auf den rechten Weg gebracht werden müssen, auf dem wir dann die Gesetze kennen und ihnen gehorchen lernen. Dann erkennen wir auch den Wert und den Segen, den selbst Irrtum, Schande und Leiden für uns haben können: wenn wir nicht weise genug sind, es freiwillig zu tun, so nötigen sie uns dazu, daß wir unser wahres, höchstes Selbst finden.

Was aber als Wirkung der Entwicklung herauskommt, das muß als Anlage schon in uns schlummern. Wir können uns keine Entwicklung ohne entsprechende Anlage denken, und so müssen also alle die gottgleichen Möglichkeiten der Seele schon jetzt und heute in ihr schlummern. Wenn das aber so ist, so brauchen wir nicht anzunehmen, daß der Entwicklungsvorgang die ganze Ewigkeit oder mindestens unausdenkbar lange Zeiträume in Anspruch nimmt. Er kann außerordentlich beschleunigt werden, wenn wir erst einmal das hohe Gebot: Erkenne dich selbst, das heißt: Erkenne dein wahres Selbst, erfaßt haben und anfangen, es wirklich zu befolgen.

Durch weises Verstehen der Gesetze des höheren Lebens wird es uns möglich, in unserem geistigen Erwachen und der damit zusammenhängenden geistigen Entwicklung in *einem* Jahr größere Fortschritte zu machen, als wir ohne diese Erkenntnis in einem ganzen Leben machen würden, und in *einem* Tag oder *einer* Stunde mehr, als ohne sie in Jahren.

Diese Vergeistigung des Lebens hatte der Meister

sicher im Sinne, als er das Wort sprach: »Es ist leichter, daß ein Kamel durch ein Nadelöhr gehe, als daß
ein Reicher ins Reich Gottes komme« (Matth. 19,23).
Denn wenn ein Mann sein ganzes Leben darauf verwendet, äußerliche, stoffliche Schätze aufzuspeichern, wo bleibt da die Zeit für das Innerliche und
Geistige? Wie kann er da jenes wunderbare Reich
finden, den Christus in uns?

Auch der Sinn der Versuchungsgeschichte ist derselbe. Die Versuchungen bezogen sich bekanntlich
alle auf stoffliche und natürliche Dinge und was dazu
gehört. Tue das und das, spricht das Natürliche:
Folge mir und ich gebe dir Brot im Überfluß, ich gebe
dir Glanz und Ruhm, ich gebe dir die größten irdischen Schätze – alles, wie man sieht, Verlockungen,
das Wahre, Innerliche, Geistige, Ewige im Stich zu
lassen. Aber was hilft die Herrschaft über die ganze
Welt, wenn man des Himmels verlustig geht? Diese
Versuchungen hat Jesus siegreich überwunden. Das
Natürliche hat er dem Geistigen unterworfen, den
Sieg ein für allemal gewonnen, und so wurde er der
oberste Meister, der Meister seiner selbst und damit
der Meister über alles andere, auch über stoffliche
Dinge und Vorgänge. Dadurch, könnte man sagen,
leitete er einen chemischen Vorgang ein, der zu völliger Vergeistigung des Lebens führt, und so wurde sein
Geist gleichsam geladen mit lebendigen, allwirken-
den Gedankenkräften, die ihn zum Herrn auch über
alle äußeren, stofflichen Vorgänge machten. Dies
äußerte sich in zahlreichen Handlungen, die von allen

denen »Wunder« genannt wurden, die sie sahen, ohne daß sie Kenntnis von den höheren Kräften und ihrer Gewalt über die niederen hatten. Diese höheren Kräfte sind aber ebenso wirklich und in ihrem Gebiet ebenso »natürlich« als die anderen, ja sie sind wirklicher und natürlicher, eben weil sie höher und dadurch wirksamer und beständiger sind. Diese vollkommene Herrschaft über sich selbst in der Zeit der Versuchung war für Jesus der Beginn einer Laufbahn, die von Herrlichkeit zu Herrlichkeit führte – einer Laufbahn, die aber auch dir und mir offen steht.

Diese neue göttliche und geistige Chemie des Lebens hat den Menschen Jesus, unseren älteren Bruder, zum Christus Jesus gemacht, dessen Name über alle Namen ist, denn dadurch ist er unser Erlöser geworden, der uns den Weg der Erlösung gezeigt hat. Das Überwinden durch die höheren geistigen Kräfte meinte er, wenn er sprach: »Ich habe die Welt überwunden« (Joh. 16, 33).

In demselben Sinne können wir auch für andere zu Erlösern werden. Wenn ich plötzlich in Gefahr komme und zaudernd und zaghaft dastehe, so kann es sein, daß ein starker und furchtloser Freund, wenn er meine Lage erblickt, alle Kraft zusammennimmt, die in ihm liegt, und der Gefahr kühn entgegengeht. Dieses erhebende Beispiel stärkt mich und ruft auch in mir schlummernde Kräfte zur Tätigkeit auf, die mir ohne ihn vielleicht gar nicht zum Bewußtsein gekommen wären, und ich folge seinem

Beispiel. Jetzt kenne ich meine Kraft, und zwar für immer – und so ist mein Freund für mich zum Erlöser geworden.

Ich habe vielleicht eine bestimmte Schwäche, und die Folge davon ist ein beständiges Schwanken, Nachgeben, Straucheln und Fallen, mit allem Übel, das daraus entsteht. Aber ich habe einen starken Freund, und zwar ist er durch Selbstbezwingung stark geworden. Die Hoheit und Schönheit dieser Stärke leuchtet aus seinem Auge. Ich sehe sein Vorbild, ich liebe ihn, seine Stärke wirkt auf mich: Meine Seele seufzt und sehnt sich nach seiner Kraft. Ein hoher Entschluß – die oberste Kraft, die es gibt, die alles vermag, wenn sie in der rechten Richtung wirkt – reift in mir, er wird zur Tat, alle verborgenen Kräfte meiner Seele treten in Tätigkeit – und nun ist alles verändert. Statt zu straucheln, stehe ich fest, statt schwächlich nachzugeben, habe ich Kraft zum Widerstand, ich empfinde die Seligkeit der Herrschaft über mich selbst und damit der Herrschaft über alles außer mir: und so ist wieder mein Freund mir zum Erlöser geworden.

Mit dieser durch sein Beispiel und seinen Einfluß neugewonnenen Kraft stehe ich nun wieder einem anderen Freund gegenüber, der kämpft, strauchelt und verzweifelt. Er sieht und fühlt meine Stärke, seine Seele dürstet danach. Nun wird *seine* innere Kraft wirksam, er erkennt, was er vermag, und jetzt wird auch er aus einem Sklaven ein Herr über sich selbst, und so bin ich wieder ihm zum Erlöser geworden.

Welch erhebendes Gefühl, welches Bewußtsein der eigenen Verantwortlichkeit, welches Gefühl von Kraft und Frieden bringt solche Erfahrung jedem, der sie erlebt!

Gott wirkt durch menschliche Vermittlung: darum fort mit der alten, schwächlichen und schwach machenden Vorstellung, daß der Mensch ein armer Wurm im Staube sei. Wir sind's vielleicht – oder wir sind's nicht: das hängt aber ganz von uns ab. Sobald wir uns dafür halten, sind wir's, und unser Leben wird dem entsprechen. Sobald wir aber unsere Göttlichkeit, unser höchstes, gottgleiches Selbst erkennen, sobald wir wissen, daß wir Erlöser unserer Nächsten werden können, dann werden wir's auch und eine Hoheit, Schönheit und Macht erfüllt uns, die uns auch als Erlöser beglaubigt.

Es ist eine weitverbreitete Vorstellung, daß ein solches Überwinden mehr oder weniger zugleich ein Aufgeben in sich schließt und mit etwas wie Askese oder Selbstabtötung unzertrennlich verbunden sei. Aber das Gegenteil ist richtig. Die höchsten und wahrsten Freuden, die die Menschenseele kennt, findet sie gerade auf dem vorhin gezeigten Weg. Das Niedere braucht man gar nicht aufzugeben, sondern ein großes Gesetz läßt es ganz von selbst vor dem Höheren entschwinden. Und bald kommt die Zeit, da wir rückschauend nicht mehr begreifen können, daß wir dies oder jenes irgend einmal Freude oder Genuß genannt und darin irgendwelches Genügen gefunden haben: jetzt erscheint es uns, verglichen mit dem Ge-

fühl von Frieden, Freude und Zufriedenheit, das uns
jetzt erfüllt, so ärmlich, wie Messing neben dem rein-
sten und feinsten Gold.

Ich möchte aber nicht, daß irgend jemand aus meinen Worten den Schluß zieht, daß nun deshalb der
Leib, das äußere und natürliche Leben, etwas Ver-
ächtliches oder an sich Niedriges sei. Diese Anschauung ist vielmehr einer der schlimmsten Irrtümer und
hat unzählige Übel und Leiden in die Welt gebracht.
Ganz im Gegenteil, wir müssen um so höher von
dieser natürlichen Grundlage unseres Lebens denken:
Wir müssen sie lieben und sie zu ihrer höchsten Vollkommenheit, Schönheit und Kraft entwickeln. Gott
hat uns den Leib doch nicht umsonst gegeben: er ist so
heilig und so schön als der Geist. Er ist nichts als die
äußere stoffliche Verkörperung des persönlichen Geistes, und unsere gewöhnlichen Gedanken und Gefühle sind es, die ihn aufbauen und seine Zustände,
seine Gliederung und seine Erscheinung schaffen.
Und wenn da Dinge oder Zustände vorhanden sind,
die uns nicht gefallen, so brauchen wir nur Kenntnis
der höchsten Gesetze, um imstande zu sein, das zu
ändern. Der bekannte französische Forscher Flam-
marion, das Mitglied der Akademie der Wissenschaf-
ten, der als einer der hervorragendsten Gelehrten anerkannt ist, sagt, daß der ganze menschliche Körper
in einem Zeitraum von weniger als einem Jahr umge-
wandelt werden könne: einige besonders feste und
widerstandsfähige Teile brauchen etwa elf Monate,
während es bei anderen viel schneller geht und man-

che nur zwei oder drei oder gar nur einen Monat brauchen.

Jeder Teil, jedes Glied, jede Tätigkeit des Körpers ist genauso rein, so schön und so heilig als die anderen: bloß weil wir manches verkehrt ansehen, erscheint es uns anders, und die Folge ist falscher Gebrauch, Mißbrauch, Leiden und Sünde.

Nicht um Unterdrückung, sondern um Erhebung handelt es sich. Ich wollte, ich könnte das tausendmal wiederholen: nicht Unterdrückung, sondern Erhebung. Jeder Teil, jedes Glied, jede Tätigkeit des Körpers ist uns zum *Gebrauch* gegeben – freilich zum rechten Gebrauch, nicht zum Mißbrauch. Sobald der Mißbrauch beginnt, so geht die Kraft zum rechten Gebrauch verloren und damit auch die Fähigkeit zum wahren Genuß. Auf diese Weise entwickeln sich manche Menschen – es gibt deren eine ganze Reihe – zu völlig verkehrten Zuständen. Von ihnen gilt das furchtbare Wort Fausts:

> *So tauml' ich von Begierde zu Genuß*
> *Und im Genuß verschmacht ich nach Begierde.*

Sie suchen den Genuß auf unnatürlichen Wegen, auf denen sie ihn doch niemals finden. Denn das Gesetz, das diese Verhältnisse regelt, läßt sich nicht ungestraft übertreten, und so raubt ihnen seine Übertretung gerade das, was sie so heiß ersehnen: die Fähigkeit zum Genuß selbst. Die Frucht, die sie pflücken wollen, entflieht entweder, wie bei Tantalus, vor ihrem Griff, oder wenn sie sie fassen, verwandelt sie sich in Asche. Denn Gott, die Natur, das Gesetz, das höhere Selbst – sie lassen ihrer nicht spotten.

Nicht Unterdrückung, sondern Erhebung – Unterdrückung nur in dem Sinn, daß man darüber Meister wird: aber das bedeutet eben Erhebung. Mit anderen Worten, der Geist muß Herr sein, und nicht der Körper, der Geist muß alles zu sagen haben und der Körper nichts.

Tausende und Hunderttausende von Männern und Frauen werden hin und her gerissen und zu Taten verlockt, von denen ihr besseres Selbst nichts wissen will – bloß weil sie ihren Körper über sich Meister werden ließen. So sind sie Weichlinge und Sklaven geworden, statt Helden und Herren, nur infolge ihrer Unwissenheit, weil sie die gewaltigen Kräfte, die in ihnen liegen, die Kräfte ihres Geistes, nicht kennen.

Es wäre ein guter Gedanke für die, die so von ihrem Körper geknechtet werden – und dazu gehören wir alle mehr oder weniger, jeder ist auf einem besonderen Gebiet unfrei, keiner ist ganz frei –, wenn sie jetzt, unmittelbar nachdem sie dieses gelesen haben, ein Gespräch mit ihrem Körper führen wollten. Es könnte etwa folgendermaßen lauten: »Mein lieber Körper, wir haben nun eine Zeitlang zusammengewohnt, und keiner von uns beiden hat den Vorteil daraus gezogen, den wir hätten ziehen können; wir sind beide nicht recht miteinander zufrieden. Ich weiß jetzt, woher das kommt: Ich habe dir freiwillig die Herrschaft überlassen. Du hast sie nicht gewaltsam an dich gerissen, aber ich habe dir Stück für Stück nachgegeben, und du hast natürlich genommen, was ich dir gab. Wir wollen uns nicht gegenseitig darüber tadeln. Wir haben beide nicht gewußt, was uns frommt. Aber von jetzt an werde ich das Verhältnis umkehren: Du mußt der Diener sein, und ich will der Herr sein, du sollst mir nicht länger befehlen, sondern ich werde von jetzt an den Ton angeben. Ich bin eins mit der unendlichen Weisheit und Macht und ich sehne mich nach immer vollkommenerer Verwirklichung dieser Einheit; deshalb nehme ich von jetzt an die Leitung an mich und ich bitte dich, mir zu helfen, daß diese Einheit immer reiner in die Erscheinung trete. So werden wir beide wiedergewinnen, was wir bisher verloren haben: Unser Verhältnis wird eine rechte Ehe werden, bisher war es nur ein Zerrbild davon. So verhelfen wir einander zur höchsten Freude und zum höchsten Glück, zur Verwirklichung aller Möglichkeiten und Anlagen, die in uns liegen; wir werden unser gemeinsames Leben immer höher und vollkommener gestalten, statt wie bisher uns gegenseitig herunterzuziehen und zu erniedrigen. Ich werde der König und Herr sein und du mein Freund und Genosse, und so wollen wir miteinander vorwärts gehen in ein Leben voll Liebe und Dienst für andere und damit voll reinster Freude für uns.«

Versuche es einmal: Führe ein derartiges Gespräch, und zwar mit dem ernsten aufrichtigen Vorsatz, das, was du sagst, auch zu tun; setze dazu alle deine Gedankenkräfte in Bewegung, erfülle deinen Geist mit jener festen Erwartung, die wie ein Magnet alle Kräfte anzieht, und bleibe nun unerschütterlich auf diesem Entschluß: dann wirst du jeden deiner innersten Wünsche erfüllt sehen, und zwar so sicher, als die Wirkung auf die Ursache folgt. Das höhere Selbst wird unabänderlich siegen, wenn es nur nicht nachgibt.

Dasselbe Verfahren kannst du gegen deinen Körper anwenden, wenn du krank oder leidend bist. Du kannst Kräfte in Bewegung setzen, die die kranken und krankhaften Teile deines Körpers buchstäblich auflösen und gesund und kräftig neu schaffen, wenn du nur die Gesetze dieser mächtigen Kraft verstehst und lebendig erfaßt, wenn du die volle Herrschaft des Geistes über den Stoff erkennst — und das alles geschieht in vollkommenem Einklang mit den Naturgesetzen des Geistes*.

Die Kenntnis der geistigen Wirklichkeit des Lebens und seiner Kräfte läßt keine Abtötung und Unterdrückung des Körpers aufkommen, so wenig als Ausschweifung und Mißbrauch. Der eine Fehler ist aber vom Standpunkt des Lebens aus, wie es sein sollte, ebenso verkehrt als der andere. Alles hat seinen Wert, alles dürfen wir gebrauchen und genießen, aber wir müssen alles recht gebrauchen, und nur so können wir es recht genießen.

Wir brauchen eine Entwicklung auf dreifachem Gebiet: körperlich, rein verstandesmäßig und geistig im höheren Sinn. Das erst gibt ein volles und ganzes

---

* Vergleiche *Trine*, In Harmonie mit dem Unendlichen.

Leben, und wer es an einem fehlen läßt, der kommt nicht zum ganzen und vollkommenen. Das Körperliche ist ebenso notwendig und ebenso wichtig wie die beiden anderen. Das Geheimnis des guten und glücklichen Lebens besteht darin, das Körperliche und das bloß Verstandesmäßige mit dem rein Geistigen zu durchdringen, mit einem Wort, alles zu vergeistigen und so die höchsten Anlagen und Kräfte in uns zu entfalten.

Wir brauchen volle und ganze Menschen: nicht halb durchsichtige, blasse Männer und Frauen, sondern Menschen mit Fleisch und Blut, bereit zur Tat, und zwar jetzt und hier, stark und kräftig, mit voll entwickelten Anlagen und geübter Kraft, überströmend von Fülle – aber alles in der richtigen Unterordnung des Niederen unter das Höhere. Solche Männer und Frauen gleichen Fürsten und Fürstinnen, sie erscheinen uns wie Könige, ja wie Götter – das ist das Leben, wie es sein soll, alles andere ist einseitig und unvollkommen.

Die stärkste Kraft der Charakterbildung liegt in diesem Erwachen zum wahren Selbst, in der Erkenntnis, daß der Mensch ein geistiges Wesen ist, ja noch mehr, daß ich kraft meines ewigen Selbst, jetzt und hier, in diesem Augenblick schon, ein Geistwesen mit göttlichen Kräften bin, die jederzeit in Tätigkeit treten können. Wo ein solches Erwachen stattgefunden hat, da wird das Leben mit seinen tausend Beziehungen wunderbar einfach. Und was jene Kräfte betrifft, die aus der Erkenntnis unserer geistigen Wesensnatur

und aus einem in Übereinstimmung mit dieser Erkenntnis geführten Leben entspringen, so sage ich, sie
sind vollkommen schrankenlos und wachsen genau
in dem Verhältnis, als das höhere göttliche Selbst in
uns zur Herrschaft gelangt und die Vergeistigung des
Lebens fortschreitet.

Dieses Erwachen und diese Lebensführung bringt
uns mit einem Schlag in geistigen Rapport, wie man es
nennt, das heißt in die innigste Berührung mit dem
Unendlichen. Wir fühlen den starken Herzschlag des
Lebens im All, wir verlassen unser enges Haus und
wohnen im All selbst. Die kleinen Widerwärtigkeiten,
Unannehmlichkeiten und Schwierigkeiten des Lebens, die uns heute so verdrießen und quälen, sie
fallen vermöge ihrer eigenen Ärmlichkeit von selbst
zu Boden. Unsere Anschauung und Einsicht wird höher, schärfer und immer freier von Irrtum. Wir erlangen immer mehr die Fähigkeit, die Menschen zu
durchschauen, so daß uns von dieser Seite her nichts
mehr geschehen kann. Wir gewinnen die Kraft, in die
Zukunft zu schauen, und das alte Wort wird immer
zutreffender für uns, daß kommende Ereignisse ihre
Schatten vorauswerfen. Gesundheit tritt an Stelle der
Krankheit, denn alle Krankheit und alle daraus folgenden Leiden sind nur die Folge davon, daß wir
bewußt oder unbewußt, absichtlich oder unabsicht-
lich die Gesetze des Lebens übertreten haben. Der
Körper verliert seine Schwerfälligkeit, sein grobes Ge-
webe wird feiner, so daß er den höchsten Antrieben
der Seele schneller gehorchen und dem Geiste besser

als Werkzeug dienen kann. Ja, der Stoff selber fügt sich den Wirkungen jener höheren Kräfte, und vieles, was wir mit unseren beschränkten Kenntnissen heute wunderbar oder übernatürlich nennen, wird für uns gewöhnlich, natürlich und alltäglich.

Was ist ein Wunder? Nichts anderes als folgender Vorgang. Ein reiner, erleuchteter Geist, der sein Leben mit den höchsten Gesetzen und Kräften seines Wesens und somit auch des ganzen Alls in Übereinstimmung gebracht und dadurch die Möglichkeit erlangt hat, das Höchste zu erreichen, ein solcher Mensch wirkt nach einem Gesetz, das nur wenig höher ist als was der durchschnittliche Verstand seines Zeitalters kennt. Dieses Gesetz findet er und handelt danach, es läßt sich von ihm anwenden – und die Menschen, die die Wirkungen sehen, schreien: Wunder! Wunder! Dabei ist aber das Geschehene genauso gesetzmäßig auf der höheren Stufe wie die alltäglichen Vorgänge auf ihrer niederen Stufe es sind. Und noch eins ist zu bedenken: Was uns heute wunderbar und übernatürlich erscheint, das ist vielleicht morgen schon gewöhnlich und natürlich, und in diesem Sinn können wir sagen, daß heute noch ebensogut Wunder geschehen wie früher.

Und warum sollten wir denn heute die Kräfte nicht mehr haben, die früher im Besitz von Menschen waren? Das All, in dem wir leben, ist doch noch das gleiche, ebenso seine Gesetze, Gott ist unverändert derselbe, und so sind in seiner Welt heute noch die gleichen Wirkungen möglich. Das einzige, was sich

verändert hat, das sind wir: Wir haben die Übereinstimmung unseres Lebens mit den höchsten Gesetzen
unseres Wesens und dadurch auch unsere höheren
Kräfte verloren, weil wir sie nicht mehr üben. Von
den Menschen, von denen Wunder berichtet werden,
heißt es, sie seien »mit Gott gewandelt« – darin liegt
das Geheimnis ihrer Kraft. Sie lebten im Geist, ihr
Sinn war auf das wahre Leben gerichtet und blieb
nicht am Äußerlichen hängen: sie lebten sozusagen
im oberen Stockwerk ihres Wesens und nicht fortwährend im unteren.

Im allgemeinen – mit seltenen Ausnahmen – ist es
bei uns gerade umgekehrt. Wir leben in den Tälern,
könnte man sagen, oft sogar in verseuchten Tälern,
während es uns unbenommen wäre, die Gipfel der
Berge zu ersteigen und dort in den wärmenden und
belebenden Strahlen der göttlichen Sonne zu wohnen
oder, was dasselbe ist, nach den großen unveränderli-
chen Gesetzen der Natur zu leben, dann würden wir
jeden Tag höher steigen und neue Offenbarungen
erleben.

Der Meister hat niemals etwas für sich in Anspruch
genommen, das nicht auch allen Menschen zugänglich wäre. Im Gegenteil, er sagte oft: »Ihr werdet die
Werke auch tun, die ich tue, und werdet größere tun
als diese« (Joh. 14,12) – so wunderbar uns das vor-
kommt, so ist es doch ganz wörtlich zu verstehen.

Von diesen lebendigen Gedankenkräften, durch
die man das Äußere nach seinem Willen gestalten
kann, hat die Welt heute kaum eine Ahnung; noch

weniger davon, daß das Denken die höchste und oberste Kraft im All ist. Die Wahrheit, daß Gedanken Kräfte sind und daß wir in ihnen eine schöpferische Macht besitzen, ist eine der wichtigsten in der Welt und für den Menschen die wichtigste. Durch diese Kräfte haben wir es aber in unserer Gewalt – und zwar gehört dies zu unserer natürlichen menschlichen Ausrüstung –, das Leben mit all seinen zahllosen Bedingungen nach unserem Willen zu gestalten.

Wir besitzen also schöpferische Kräfte – und zwar nicht etwa im bildlichen, sondern im ganz wörtlichen Sinn. Alles in der stofflichen Welt um uns hat seinen ersten Ursprung in Gedanken und hat von da aus seine Form erhalten. Die Welt, in der wir leben, mit ihren tausend Wundern und hohen Offenbarungen, ist die Wirkung der Kraft eines göttlichen Verstandes oder Geistes – ob wir diesen Geist nun Gott nennen wollen oder nicht. Gott sprach: »Es werde!« und es ward. So trat die stoffliche Welt – oder vielleicht sollten wir richtiger sagen, die stoffliche Erscheinung der Welt – ins Dasein. Das gesprochene Schöpfungswort bedeutet natürlich die äußere Kundgebung der innersten Kräfte dieses erhabenen Verstandes.

Jedes Haus in der Welt war zuerst als Urbild im Geiste des Baumeisters vorhanden, ebenso jede Bildsäule und jede Maschine: Hier entstanden sie alle. Dieselben geistigen Kräfte leiteten und erfüllten die Hand, die den ersten Entwurf zeichnete, und weiter die Hände, die ihm in Metall oder Holz seine körperliche Gestalt gaben. Das Niedere macht immer dem

Höheren Platz. Das Niedere ist der Stoff, das Höhere der Geist.

Jedes Einzelleben ist ein Teil des unendlichen Lebens und deshalb mit ihm eins: und die höchste Geisteskraft wird uns genau in dem Verhältnis zuteil, als wir diese Einheit erkennen und verwirklichen. Daß wir dem Wort eine Kraft zuschreiben, das ist nicht eine bloße Redensart, sondern wir sprechen damit eine wirkliche Tatsache der geistigen Welt aus: wir können das jederzeit wahr machen, wenn und soweit wir die Allmacht der Gedankenkräfte erkennen und mit ihnen arbeiten.

Blinde, Lahme, Kranke kamen zu Jesus, und er sprach zu ihnen: Sei sehend, steh auf und wandle, sei gesund – und *so geschah es.* Das gesprochene Wort war natürlich bloß die äußere Kundgebung seiner inneren Kraft, eben der Gedankenkräfte, die er so vollkommen kannte und beherrschte. Aber die Gesetze, nach denen sich diese Heilungen vollzogen, sind heute noch lebendig wirksam, und es liegt vollkommen in unserer Macht, sie anzuwenden.

Jedes persönliche Leben, wenn es einen gewissen Grad geistiger Höhe erreicht hat, schafft sich seine eigene Umgebung, und zwar durch jene wunderbare *Anziehungskraft des Geistes,* die immer und überall wirksam ist, auch wo wir uns ihrer nicht bewußt sind.

Wir leben sozusagen in einem großen Meer von Gedanken. Die Luft, die uns umgibt, ist geladen mit den von überallher ausgesandten Gedankenkräften. Wenn diese das Gehirn verlassen, so gehen sie in die

Luft, das heißt in den Äther, ganz wie andere Schwingungen und Wellen. So ist Gedankenübertragung möglich und jetzt auch wissenschaftlich festgestellt: Ein Mensch kann seine Gedankenkräfte so leiten, daß ein anderer, der entfernt von ihm, aber in erwartender Haltung weilt, sie empfangen kann – ganz wie der Schall durch die Luft weitergeleitet wird.

Die Gedanken gehen aber auch dann in dieser Weise von einem Menschen aus, wenn sie nicht bewußt geleitet werden: Viele können ihren Einfluß verspüren, je nachdem sie besonders sensitiv oder empfänglich angelegt sind oder auch wenn sie besonders widerstandslos sind, so daß sie allen Kräften und Einflüssen von außen offen stehen. Das Gesetz, das hier wirkt, ist dasselbe, das das ganze Weltall durchdringt: das Gesetz, das Gleiches von Gleichem angezogen wird. So zieht also jeder fortwährend solche Kräfte und Einflüsse an, die seinem Wesen am meisten entsprechen. Und zugleich wird sein Leben bestimmt durch die Gedanken und Gefühle, die ihn regelmäßig bewegen, denn jeder baut sich seine Welt von innen heraus. Wie innen, so außen; Ursache – Wirkung.

Angenommen, Weizen und Mais wachsen nebeneinander, nur einen Zoll entfernt, auf demselben Boden, so verwandelt doch der Weizen die Stoffe, die er dem Boden entnimmt, in Weizen, der Mais in Mais – jedes in das, was es selbst ist und braucht, jedes bestimmt von seiner inneren Lebenskraft. Wenn zwei Menschen dann von derselben Frucht genießen, so wird dieser Stoff vielleicht beim einen zum Körper eines Verbrechers, beim andern zu dem eines Heiligen – jeder verwandelt ihn nach den Gesetzen seines innersten Wesens. Was ist es nun aber, das dieses innerste Wesen bedingt? Es sind die gewohnheitsmäßig gehegten Gedanken und Gefühle, die sich nach unabänderlichen Gesetzen früher oder später ihren äußeren Ausdruck schaffen. Der Gedanke ist der große Baumeister des menschlichen Lebens und die Kraft, die es bestimmt. Hege immer nur gute Gedanken – und dein Leben wird in Güte strahlen und dein Körper in Gesundheit und Schönheit leuchten; aber hege fortwährend schlechte Gedanken, und das Gegenteil wird eintreten. Erfülle dich mit Liebe – und du wirst lieben und geliebt werden; erfülle dich mit Haß – und du wirst hassen und gehaßt werden.

Nach diesem Gesetz schafft sich jeder Mensch eine eigene Atmosphäre oder Luftschicht um sich, und diese ist bestimmt durch die Gedanken und Gefühle, die ihn gewöhnlich erfüllen. Und diese Gedankenatmosphäre und ihren Einfluß empfinden auch andere Menschen.

So erfüllt jeder Mensch den Raum, den er bewohnt, jede Familie ihr Haus mit einer besonderen Atmosphäre, so daß jeder, der hereinkommt, sofort einen entsprechenden Einfluß verspürt. Man kann oft gleich beim Eintritt ein Gefühl von Frieden und Übereinstimmung bekommen, die Empfindung, daß man willkommen ist und daß man da bleiben möchte – oder auch ein Gefühl von Unruhe und Kälte, die

Empfindung, daß man gleich wieder fort möchte –
rein nach der inneren Haltung der Bewohner gegen
uns und ohne daß viel gesprochen wird. Ebenso
schaffen die besonderen geistigen Zustände einer
Versammlung eine bestimmte Atmosphäre in dem
Versammlungsraum: ja eine Stadt oder ein Dorf wird
so mit verschiedener Atmosphäre erfüllt. Die Gefühle
freundschaftlicher Teilnahme, die eine große Men-
schenmenge etwa einem Teilnehmer an einem Wett-
kampf zusendet, befähigt ihn zu Leistungen, die er für
sich allein niemals erreicht hätte. Dasselbe gilt von
einem Redner und seiner Zuhörerschaft.

Napoleons Heer ist im Morgenland, die Pest beginnt seine Reihen zu lichten: ganze Abteilungen liegen schon am Boden. Die Furcht ist in die Herzen
eingezogen und schüttelt die Menschen. Aber sieh
dort, umgeben von seinen Offizieren, die ihn bestür-
men, den Befehl zur Rückkehr zu geben, da weiteres
Vorgehen sicherer Tod ist, steht Napoleon mit ruhi-
ger und furchtloser Miene, und festen Schrittes geht
er durch die Reihen. Er spricht mit den Männern, er
faßt sie an – und als sie ihn so sehen, da bricht der Ruf
los: »Es lebe der Kaiser!« – und von dieser Stunde ist
die Macht der Krankheit gebrochen. Das ist ein wun-
derbares Beispiel von menschlicher Kraft: Durch un-
erschütterten Mut und völlige Furchtlosigkeit wird
hier ein Mensch in den Stand gesetzt, solche Kräfte
auszusenden, daß im Geiste von Tausenden dieselben
Kräfte sich regen und nun wieder die Körper so beein-
flussen, daß Pest und Tod ihre Macht verlieren. Über-

haupt ist Napoleon eines der großartigsten Beispiele von unbezähmbarer Geistes- und Willenskraft – zugleich aber auch, wenn wir sein Leben als Ganzes überschauen, ein Beispiel vollkommenen Mißerfolgs.

Ich habe schon gesagt, daß die Gedankenkräfte von demselben Gesetz beherrscht werden wie das ganze Weltall: Gleiches wird vom Gleichen angezogen. Wenn wir von diesen Dingen nichts wissen, so kann es uns freilich begegnen, daß wir uns rein leidend, widerstandslos, furchtsam und schwankend verhalten und so aus der bekannten und unbekannten Welt ähnliche Einflüsse und Wirkungen an uns heranziehen. Rechte Kenntnis dieser Kräfte dagegen macht uns tätig und widerstandsfähig, gibt uns eine Herrscherstellung gegenüber allen Einflüssen von außen und läßt uns nur die besten und wertvollsten anziehen – es kommt rein auf unseren *Willen* an.

Wir stehen alle viel mehr unter dem Einfluß der Gedankenkräfte und der Geisteszustände unserer Umgebung und der ganzen Welt, als wir uns träumen lassen. Wenn wir uns nicht, wie das so oft geschieht, durch Autosuggestion oder Selbstbeeinflussung gewisse Vorstellungen und Gewohnheiten beibringen, so werden uns die Gedanken anderer suggeriert, oft ohne daß sie oder wir etwas davon wissen. Wir erleiden diese Einflüsse widerstandslos – genau in dem Grad, in dem wir versäumen, die Stärke, ja die Allmacht der in uns selbst liegenden Kräfte zu erkennen. So werden wir Sklaven der Gewohnheit, der geselligen Sitte und fremder Meinungen, und im Verhältnis damit verlieren wir unsere Persönlichkeit und ihre Kräfte. Wer sich aber so sklavisch gegen die Außenwelt verhält, der wird wirklich zum Sklaven; und ebenso umgekehrt. Jeder baut sich seine Welt von innen heraus auf, und wenn von außen kommende Einflüsse ihn dabei ablenken, so kann das bloß dadurch geschehen, daß er sich ablenken läßt. Er hat es völlig in seiner Gewalt, ob die in ihm und auf ihn wirkenden Kräfte ihn fördern, erheben, veredeln, kräftigen und ihm Erfolg bringen, oder ob von dem allem das Gegenteil eintritt.

Keine Kraft ist feiner und durchdringender, keine wirkt stärker und unwiderstehlicher als die des Gedankens: Voraussetzung ist dabei nur, daß man sie recht anwendet und mit fester Zuversicht und unerschütterter Sicherheit ausübt, und so alle lähmenden Einflüsse des Zweifels und der Furcht ausschaltet. Wenn einer mit seinem Fortkommen, seiner Stellung, seiner Umgebung nicht zufrieden ist und sich rein und ernst Höheres und Besseres wünscht, so muß er beständig seine höchsten Gedankenkräfte in der Richtung nach der Verwirklichung dieser Wünsche aussenden und durch die feste Erwartung, daß sie in Erfüllung gehen, unterstützen: dann wird er früher oder später diese Erfüllung erleben, und zwar geht das alles in vollem Einklang mit Naturgesetzen und Naturkräften vor sich.

Hoffnung und Furcht sind beides wirksame Kräfte, die dazu beitragen, daß eben das geschieht, was man hofft oder fürchtet: beidemal wirkt das gleiche Gesetz. Wer also sich in einem Zustand oder in einer Umgebung befindet, aus denen er sich mit Recht heraussehnt, weil sie ihm zur Entwicklung eines höheren Lebens keine Möglichkeit bieten, der hat das Mittel dazu in der Hand, sobald er die Macht und Wirksamkeit seiner Geistes- und Gedankenkräfte erkennt. Wenn er diese besonnen anwendet, so wird er Meister, andernfalls wird er zum Sklaven der Umstände.

Du mußt ernstes, aufrichtiges Sehnen empfinden, aufrichtiges Verlangen nach reineren und höheren Lebensbedingungen, du mußt ferner deine Gedankenkräfte lebendig aussenden, um diese Wünsche zu verwirklichen, die feste Erwartung der Erfüllung hegen, alle Furcht vor Mißlingen verbannen – wenn dazu noch richtig geleitete Tätigkeit und Arbeit kommt, so erlangst du die volle Verwirklichung deiner kühnsten Wünsche, so sicher wie die Wirkung auf die Ursache folgt. So kann jeder sich bessere Lebensbedingungen verschaffen, immer höhere Einflüsse an sich heranziehen, ein immer höheres Bild seines Lebens verwirklichen. Denn solche Kräfte liegen in uns und warten bloß darauf, daß wir sie erkennen und anwenden: dann können wir unser ganzes Leben mit ihnen umwandeln. Sobald wir sie erkennen, werden sie unsere Diener und warten nur auf unsere Befehle.

Wenn du zum Beispiel als junger Mann oder als junges Mädchen dich sehnst, eine höhere Schule zu besuchen, oder wenn du bestimmte schriftstellerische oder künstlerische Anlagen besitzt, die du von ganzem Herzen ausbilden möchtest, so scheint vielleicht äußerlich kein Weg für die Verwirklichung deiner heißen Wünsche offen zu sein: Aber die Kraft zur Erfüllung liegt schon in dir, du brauchst sie bloß zu erkennen. Darum fange sogleich an, die rechten Kräfte in Tätigkeit zu setzen. Stelle dir das Bild dessen, was du erreichen willst, recht deutlich vor Augen: Es wird bald anfangen, körperliche Gestalt zu gewinnen. Sende deine Gedankenkräfte aus, damit es verwirklicht werde, halte daran fest, ohne zu schwanken, immer ganz ruhig, ganz ohne Furcht – diese rückt die Erfüllung nur weiter hinaus –, bleibe im Zustand unerschütterlicher Erwartung und unterstütze dadurch alle Kräfte, die für dich wirken. Aber du darfst nicht mit gefalteten Händen still dasitzen und warten, bis all diese Dinge dir in den Schoß fallen: Gott sorgt zwar für die Sperlinge, wie Jesus sagt, aber er wirft ihnen das Futter nicht ins Nest. Nein, übernimm tapfer die erste Arbeit, die du findest: Feldarbeit, Schreibergeschäfte, Holzsägen, Geschirrwaschen, hinterm Ladentisch stehen, ganz einerlei, was es ist, aber tue jede Arbeit mit Eifer und Treue, sei immer bereit, etwas Besseres zu ergreifen, und denke, daß das, was du hast, der Schlüssel zu dem ist, was du bekommen sollst. Dann wirst du erleben, daß alles, was du ergreifst, ein Mittel wird, das dich der Erfüllung deiner heißesten Wünsche näherbringt. So hältst du den Zauberschlüssel in der Hand, vor dem die mächtigsten Riegel sich dir öffnen.

Wir sind nicht dazu geboren, Sklaven oder Bettler zu sein, sondern zu herrschen und Überfluß zu haben.

Das ist unser rechtmäßiges Erbe, wenn wir es nur erkennen und beanspruchen. Mancher sehnt sich heute nach besseren Lebensbedingungen; aber statt seine Zeit mit unbestimmter, ungleichmäßiger Sehnsucht zu verschwenden, könnte er leicht Kräfte in Wirksamkeit setzen, die ihm schnell die Erfüllung seiner Wünsche brächten, wenn er sie in rechter lebendiger Tätigkeit gebrauchte. Das große All ist zum Überfließen voll von Dingen, die bloß auf die Berührung der rechten Kräfte warten, um zum Vorschein zu kommen. Und da gilt kein Ansehen der Person: nur darauf kommt es an, daß wir die Kräfte anwenden, mit denen wir ausgerüstet sind. Wer aber sein Verlangen mit solchen Kräften zu verwirklichen sucht, dem steht das Schatzhaus der Welt offen, wo das Angebot immer der rechten Nachfrage gleich ist. Alle Dinge sind in meiner Macht, wenn ich nur weiß, daß ich sie in meiner Macht habe.

Von allen bekannten Formen der Kraft ist der Gedanke die feinste und unwiderstehlichste. Diese Kraft war schon immer wirksam, aber sie wirkte bei den meisten Menschen ganz blind, richtiger gesprochen, die Menschen waren blind und kannten ihre eigene Kraft nicht. Ausnahmen von dieser Regel waren bis jetzt sehr selten, solche Ausnahmen waren unsere Propheten, unsere Seher, unsere Weisen, unsere Erlöser, unsere Helden. Wir sind jetzt im Begriff, die wunderbare Tatsache zu begreifen, daß es eine *Wissenschaft von dieser Gedankenkraft* gibt und daß man die Gesetze, denen sie gehorcht, kennen und wissenschaftlich anwenden kann. Wer dies weiß und anwendet, der hat buchstäblich Macht über alles. Du wendest dagegen die Vererbung und ihre Einflüsse ein? Verlaß dich darauf, die Mauern, die die Vererbung aufrichtet – so gut wie die Mauern der Umwelt –, sie sind vor der rechten Gedankenkraft wie Lehmwälle vor Kruppschen Kanonen: wenn diese furchtbare Kraft sie trifft, so zerfallen sie in Trümmer.

Der Gedanke braucht eine bestimmte Leitung, um wirksam zu werden, und von dieser Leitung hängt der Erfolg ebensosehr ab wie von der Kraft selber. Das führt uns auf den *Willen*. Der Wille ist nicht, wie man so oft glaubt, selber eine Kraft; er hat nur die Leitung, die Kraft selbst ist der Gedanke. Wenn dieser ohne bestimmtes Ziel zerstreut wird, so wird der Mensch schwach, unsicher, schwankend, er wünscht vieles, aber er führt nichts aus und erreicht nichts. Wenn der Gedanke aber durch den Willen stetig geleitet ist, so wird der Mensch stark, fest, unerschütterlich und unbesieglich, und die Schwierigkeiten und Hindernisse, die andere Menschen abschrecken, benützt er gleichsam als Steine, mit denen er den Weg bessert, auf dem er siegesbewußt vorwärts schreitet. Die Kraft, die er in sich trägt, verwandelt die Hindernisse, die ihm den Weg versperren, geradezu in Förderungsmittel, wie dem Adler der Gegenwind, der ihn aufhalten und zurücktreiben will, dazu dienen muß, daß er nur um so höher steigt, bis er dem Auge entschwindet.

Nimm zum Beispiel einen glücklichen Geschäftsmann, der mit nichts angefangen hat und bloß durch seine Fähigkeiten emporkam. Das eine Beispiel genügt, denn das Gesetz wirkt überall gleich. Er hat nur *einen* Gedanken: den Erfolg: Das steht vor seinem Geist, daran denkt er, das sieht er; etwas anderes *will* er nicht sehen. Er erwartet diesen Erfolg ganz bestimmt – und so zieht er ihn an: Seine Gedankenkräfte ziehen fortwährend alle Kräfte an, die auf diesen Erfolg hinarbeiten. Jeder Wind, der weht, treibt ihn dem Erfolg zu. Er erwartet kein Mißlingen – und so lädt er es auch nicht ein. Er verschwendet keine Zeit und Kraft mit Furcht oder Sorge, er ist rastlos und unermüdlich. Laß heut ein Mißgeschick kommen, und morgen, nein, schon heute ist er wieder gefaßt und setzt neue Kräfte in Tätigkeit, und diese Kräfte helfen ihm mehr als seinem Nachbar, der vom selben Schlag getroffen wurde, eine halbe Million. Wir sprechen davon, daß ein Mann im Geschäft Mißerfolg hat, aber wir denken nicht daran, daß dies nur der Höhepunkt und das Sichtbarwerden eines Mißerfolges ist, den er in seinem Innern lang vorher erlebt hat. *Der Mensch trägt den Erfolg oder Mißerfolg in sich selbst, äußere Umstände tragen dazu nichts bei.*

Der Wille ist das Vermögen, den Gedanken stetig zu leiten, er ist also die Konzentration oder Zusammendrängung des Gedankens auf einen Punkt. Er ist der Steuermann, der das von innerer Kraft getriebene Fahrzeug ins rechte Fahrwasser bringt und darin erhält, so daß der größte Seedampfer durch Sturm und Unwetter an seinem bestimmten Landungsplatz im Hafen einläuft, und zwar oft genau auf die Minute, die im Fahrplan vorgeschrieben ist. Der Wille ist das Brennglas, das die Sonnenstrahlen so auf einen Punkt sammelt, daß sie sofort ein Loch in das Papier brennen, auf das sie fallen, während sie ohne das ganze Tage darauf scheinen könnten, ohne eine Wirkung hervorzubringen. Der Wille ist das Mittel zur Zusammendrängung, Sammlung und Leitung der Gedankenkräfte. Der Gedanke, der unter kluger Leitung arbeitet und wirkt, der bringt Erfolg und Glück. Alles kommt darauf an, daß wir nur *eines* im Sinn haben und nie aus dem Auge verlieren, daß *ein* Ziel unverrückt und ohne Schwanken vor uns steht. Wenn der Gedanke so vom Willen geleitet wird, so kann ihm nichts wiederstehen.

Aber kann diese Kraft nicht ebensogut für schlechte wie für gute, für selbstsüchtige wir für selbstlose Zwecke verwendet werden? Allerdings, aber doch mit einer wichtigen Einschränkung. Je mehr der Gedanke vergeistigt wird, desto größer wird seine Kraft, und je mehr das Leben selbst vergeistigt wird, desto ferner rücken ihm alle schlechten, unedlen und selbstsüchtigen Zwecke. Aber wenn auch diese Kraft zu schlechten Dingen gebraucht werden kann – wer es tut, der darf nicht vergessen, daß ein allmächtiges Gesetz der Wahrheit und Gerechtigkeit das All beherrscht und auch nicht einen Augenblick außer Wirksamkeit gesetzt werden kann: Und dieses Gesetz wird ihn vernichten, wenn er seine Kraft zum Bösen gebraucht. Er darf nicht vergessen, daß alles, was er für sich auf Kosten eines anderen durch Täuschung oder überhaupt durch Anwendung niedriger Fähigkeiten erlangt, in seiner Hand zu Asche wird. Der Honig, den er so erwirbt, schmeckt bitter, die Frucht, die er so bricht, ist vom Wurm zerfressen, die Rose, die er so pflückt, verschwindet, und er hat nichts als Dornen in der Hand, an denen er sich blutig reißt. Geradeaus und unaufhaltsam geht der Siegeswagen Gottes seine Bahn, und wer sich ihm entgegenstemmt, der kommt zu Fall und wird unter seinen Rädern zermalmt. Und das wird ihm zum Heil: denn es bringt ihn zur Erkenntnis der höchsten Gesetze und seines wahren Selbst.

Es gibt zwei Willen in der Welt, die wir der Einfachheit halber den göttlichen und den menschlichen Willen nennen wollen. Der menschliche ist der Wille des niederen Ichs, der seinen Vorteil sucht ohne Rücksicht auf das große Ganze. Der göttliche Wille ist der Wille des höheren, göttlichen Selbst im Menschen: Er irrt niemals und führt niemals ins Unglück. Wie sollen wir nun diesen Willen zur Geltung und zur Herrschaft bringen? Dadurch, daß wir zu unserem höheren Selbst erwachen und in ihm leben und so unseren menschlichen Willen eins machen mit dem göttlichen, mit dem Willen der unendlichen Weisheit, Liebe und Macht – dann ist aller Irrtum und alle Schranke überwunden; wie Schiller sagt:

> *»Nehmt die Gottheit auf in euren Willen,*
> *Und sie steigt herab von ihrem Thron.«*

Auf diese Weise wirkt die unendliche Macht durch uns und für uns, und wir erleben die göttliche Erleuchtung, während wir nichts anderes zu tun haben, als darauf zu achten, daß unsere Verbindung mit jener Macht bewußt und völlig aufrecht erhalten wird. Und wenn wir nun zur Erkenntnis unserer innersten Natur, unseres wahren Selbst und zum vollen, klaren Bewußtsein der Tatsache gelangen, daß wir mit dem Geist der unendlichen Liebe und des unendlichen Lebens, der unendlichen Weisheit, Macht und Fülle wirklich eins sind und also nur Teile von ihm bilden – wird uns dann nicht klar, daß wir nichts mehr bedürfen, sondern daß alles unser ist? Wir brauchen dann nur noch ein Wort zu sprechen, und an die Stelle der Sehnsucht tritt, eben durch sie herbeigezogen, die Verwirklichung. Wenn also jene Weisheit und Macht, jenes allsehende, allwissende, allmächtige, alliebende und allerfüllende ewige Selbst, ohne Anfang und ohne Ende, dasselbe gestern, heute und in alle Ewigkeit – wenn das dein eigenes Selbst ist, dann ist alles dein und du brauchst nichts mehr, und wenn du diese Wahrheit bewußt erkennst und lebst, dann ist dein ganzes Leben beschlossen in dem *einen Wort* »*Verwirklichung*«. Das Drängen und Suchen, das Rennen und Jagen, das alle niederen Stufen des Lebens ausfüllt, verschwindet vor dieser *Verwirklichung*, denn du bist ja eins mit dem, was du ersehntest.

Was bedeutet das? Ganz einfach, daß du das Himmelreich gefunden hast und darin eingegangen bist.

Himmel aber bedeutet Harmonie, Einklang und so bist du eingegangen in das Reich der Harmonie oder der Einheit mit dem unendlichen Leben, mit Gott. Siehst du jetzt, auf welch vernünftigem, ja wissenschaftlichem Grund die Mahnung ruht: »Trachtet am ersten nach dem Reich Gottes, so wird euch solches alles zufallen«? Es gibt nichts Vernünftigeres und nichts Praktischeres in der weiten Welt als diese Vorschrift, und wir erkennen jetzt leicht, wie eng damit die andere Mahnung zusammenhängt, die in den Worten Jesu unmittelbar darauf folgt: »Darum sorget nicht für den anderen Morgen, denn der morgende Tag wird für das Seine sorgen« (Matth. 6,39). Jene Verwirklichung macht dich wirklich sorgenlos, los von allen Sorgen: Die unendliche Macht arbeitet für dich, und du bist der Verantwortung enthoben; nur noch dafür bist du verantwortlich, daß du die Verbindung mit dieser unendlichen Quelle treu und ununterbrochen aufrecht erhältst. Ich kenne einige Menschen, die zu einer solch bewußten Einheit mit dem unendlichen Leben gekommen sind und so innig in dieser Einheit leben, daß alles, was ich eben gesagt habe, bei ihnen vollkommen zutrifft. Alles löst sich bei ihnen so gesetzmäßig, daß, wenn die Stunde kommt, alle Schwierigkeiten verschwinden, der Weg klar und offen vor ihnen liegt und alles, was sie brauchen, zur Hand ist.

Wenn diese Verwirklichung eintritt, dann verschwindet alle Furcht, die Hoffnung stellt sich ein, der Glaube herrscht, und dieser Glaube von heute findet morgen seine Erfüllung. Weder Vergangenheit noch Zukunft bedrängen uns mehr, wir leben nur noch für das Heute. Mein Heute ist dadurch bedingt, wie ich mein Gestern verlebt habe, und wie ich heute lebe, das bestimmt mein Morgen:

> *»Liegt dir Gestern klar und offen,*
> *Wirkst du heute kräftig frei,*
> *Darfst auch auf ein Morgen hoffen,*
> *Das nicht minder glücklich sei.«*

So wollen wir im ewigen Heute leben, denn »mitten in der Endlichkeit eins werden mit dem Unendlichen, das heißt ewig sein in jedem Augenblick«. Keine Zeit wollen wir verlieren, indem wir an die Vergangenheit denken, nur danken wollen wir, daß, was damals Leid und Sorge, Irrtum und Straucheln war, uns nur um so rascher zu dem Einklang mit den Gesetzen unseres höheren Lebens gebracht hat. Keine Zeit wollen wir verlieren, indem wir von der Zukunft träumen oder uns von Furcht und Sorge umtreiben lassen; dadurch öffnen wir nur dem, was wir fürchten, das Tor. Nein, mit unseren Gedanken und Taten von heute wollen wir die Zukunft nach unserem Willen gestalten.

Jede Tat wird empfangen und geboren im Denken; die Wiederholung der Tat schafft die Gewohnheit, die Gewohnheit formt unsern Charakter, und der Charakter bestimmt unser Leben und unser Schicksal. Welch eine bedeutsame und erschütternde Wahrheit: von Gedanken bis zum Schicksal *eine* Kette! Und wie einfach wird alles, wenn wir erkennen, daß es sich um den Gedanken des jetzigen Augenblicks und um den nächsten und wieder den nächsten handelt, und so unser Leben und unser Schicksal in dieser und in der nächsten Stunde geformt wird! Das ist das Geheimnis der Charakterbildung. Wie wunderbar einfach ist das – aber welche Verantwortung wird damit auf uns gelegt!

Noch eine Frage. Wie steht es mit dem *Gebet*, was ist der Wert des Betens? Das Gebet, wie jede Andacht, bringt uns zu innigerem und bewußterem Einklang mit dem Unendlichen, es verschafft uns die *eine* köstliche Perle des Gleichnisses, und dieser Einklang bringt alles übrige mit sich.

Das Gebet ist die aufrichtige Sehnsucht der Seele, und so ist es seine eigene Erhörung, denn aufrichtiges Sehnen, verbunden mit festem Glauben, bewirkt früher oder später Erfüllung. *Der Glaube ist ein unsichtbarer, aber unwiderstehlicher Magnet und zieht alles an sich, was er heiß ersehnt und ruhig und fest erwartet.* Dieses Gesetz wirkt unbedingt, und zwar genau im Verhältnis zur Stärke der Gedankenkräfte; wenn diese schwach werden, so versagt es. Der Meister hat gesagt: »Alles, was ihr bittet in eurem Gebet – glaubet nur, daß ihr es empfanget, so wird es euch werden!« (Mark. 11,24; Matth. 21,22). Kann man deutlicher gebieten und unbedingter sich ausdrücken? »Dein Glaube ist groß: dir geschehe, wie du glaubest!« (Matth. 15,28). Wenn der Erfolg manchmal ausbleibt, woran liegt das? Nicht an dem Gesetz, sondern nur an uns. So kann man also vom Gebet sagen, wenn man es im rechten Licht betrachtet: es ist das Vernünftigste und Gesetzmäßigste, das Nützlichste und Wirksamste, was es gibt.

Diese bewußte Verwirklichung der Einheit mit dem unendlichen Leben ist das *eine*, was not tut, denn wenn sie erreicht ist, so folgt alles andere von selbst. Es gibt dann keine ungestillte Sehnsucht mehr, denn wenn Gott eine Sehnsucht in das Menschenherz gepflanzt hat, so gibt er auch die Mittel, sie zu stillen. Kein Leid kann uns dann treffen, keine Furcht uns ängstigen, denn wir werden dann nur Gutes an uns heranziehen. Was die Zeit auch bringen mag – wenn wir jenes Gesetz kennen, so werden wir immer etwas ersehnen und erwarten, was besser ist, und dadurch die Kräfte in Wirksamkeit setzen, die es herbeiziehen. Wir wissen ja, daß oft ein Engel geht, damit ein Erzengel kommt. Das trifft immer zu in einem Leben, in dem jene Verwirklichung eingetreten ist. Und warum sollten wir irgend etwas fürchten, auch für unser Volk, wie das so viele tun? Gott steht hinter seiner Welt, voll Liebe und unendlicher Fürsorge, und macht seine großen und allumfassenden Gedanken wirklich. Was auch wir Menschen für Gedanken hegen: Wenn die Zeit erfüllt ist, so wird Gott sie vereiteln oder zur höchsten Verwirklichung bringen: vereiteln, wenn sie seinen eigenen Gedanken widersprechen, verwirklichen, wenn sie mit ihnen im Einklang sind.

Es leuchtet ein, welch eine Macht im Dienste der Menschen ein Leben besitzt, das voll erwacht ist und

die Kräfte seines inneren Selbst voll ergreift und gebraucht. Wer diese vergeistigten Kräfte besitzt, der
braucht nicht weit zu gehen, um zu suchen, wo er der
Menschheit den größten Dienst leisten kann. Ob er
still in seinem Zimmer, in seinem Zelt, überhaupt zu
Hause sitzt, oder ob er irgendwo hingeht – immer
kann er Kräfte und Wirkungen der stärksten Art aussenden, die bis ans Ende der Welt fühlbar sind. Und
einen wertvolleren und höheren Dienst als diesen gibt
es nicht.

Ich habe diese Fragen so ausführlich besprochen,
weil ich zeigen wollte, daß die Erkenntnis der Dinge,
die mit dem inneren, geistigen Gedanken- und Seelenleben des Menschen zusammenhängen, nicht, wie so
viele meinen, nur etwas Unbestimmtes, Gefühlsmäßiges oder Unpraktisches ist, sondern daß es sich hier
im Gegenteil um eine kraftvolle, allmächtige Wirklichkeit handelt, um etwas, das nicht bloß das Aller-
praktischste, sondern genaugenommen das einzig
Praktische ist, das es gibt. Und das gilt noch mehr,
wenn wir über das Nächstliegende hinausschauen
und unsern Blick auf jenen Übergang richten, den
man Tod nennt, wo wir alles, was wir von irdischem
Besitz aufgehäuft haben, zurücklassen müssen und
die Seele nichts mit sich nimmt als das in ihr entfaltete
und entwickelte persönliche Leben: wenn sie auch
das nicht hat, in dem Augenblick, da sie alles verliert,
dann ist sie wahrhaftig arm. Das Wunderbarste und
Schönste aber ist doch das, daß jedes Wachstum,
jeder Fortschritt, jeder Gewinn auf dem Gebiet dieses

geistigen und seelischen Lebens – des einzigen, das wirklich Leben ist – für immer bleibt und nie mehr verlorengehen kann. Darum ist jene Mahnung so ewig wahr: »Ihr sollt euch nicht Schätze sammeln auf Erden, da sie die Motten und der Rost fressen, und da die Diebe nachgraben und stehlen. Sammelt euch aber Schätze im Himmel – im innerlichen, geistigen Reich –, da sie weder Motten noch Rost fressen, und da die Diebe nicht nachgraben noch stehlen!« (Matth. 6,19. 20).

Und nun wollen wir noch fragen: Was heißt Liebe zu Gott? Wir haben schon gesehen, daß diese Liebe mehr ist als eine bloße empfindsame Allgemeinheit. Gott lieben, heißt zu dem höheren göttlichen Selbst in uns erwachen, heißt bewußt erkennen, daß unser Leben eins ist mit dem unendlichen Leben, heißt erfahren, daß wir schon jetzt und hier auf Erden Geistwesen sind, heißt leben im Einklang mit dieser Erkenntnis. Gott lieben, heißt treu sein dem »Licht, das alle Menschen erleuchtet, die in diese Welt kommen«, und so heißt es, den Christus in uns finden und erkennen, daß Gott nicht ferne von uns, sondern das Leben unseres Lebens ist, so eins mit uns, daß wir wie sein anderer Sohn sagen können: »Ich und der Vater sind eins.« Das ist die Bestimmung jeder Menschenseele, jedes Kindes Gottes, denn alle Menschen, so verschieden sie sonst sein mögen, sind darin vor seinen Augen gleich, und er hat keines seiner Kinder umsonst geschaffen. So ist die Liebe zu Gott in ihrem vollen Sinn kein bloßes Gefühl, sie ist vielmehr Leben und

Wachstum, geistiges Erwachen und geistige Entwicklung, mit einem Wort Verwirklichung, volles, überfließendes Leben.

Erkenne dies und erfülle dein Leben mit heißer,
leidenschaftlicher Liebe zu Gott. Dann nimm dieses
reiche, überfließende und starke Leben und opfere es
in der Liebe und im Dienst deiner Nächsten, der
andern Kinder deines Vaters. Erfülle es mit heißer,
leidenschaftlicher Liebe zu diesem Dienst – dann ist
dein Leben in vollem Einklang mit Gesetz und Propheten, mit jenen zwei großen Geboten menschlichen
Lebens und menschlicher Bestimmung: Liebe Gott
und liebe deinen Nächsten, auf denen die große Weltreligion ruht, die in immer neuen Formen sich weiter-
bildet. Wenn du das tust, so wirst du den Herzschlag
des Allebens in deinem Leben fühlen und es wird mit
einer Herrlichkeit erfüllt sein, wie sie alle Fürstenhöfe
der Welt nicht besitzen können.

Wenn wir den Schritt vom Persönlichen zum Un-
persönlichen, vom persönlichen Ich zum allgemeinen
Selbst gemacht haben, dann haben wir die Lösung des
Lebensrätsels gefunden, und mit diesem Schritt gehen
wir in das Reich der Kraft ein. Wer dies tut, wer voll
erkennt, daß das höchste Leben das ist, das dem
Dienste der Menschheit geweiht wird, wer jenes hohe
Gesetz der Wahrheit und Gerechtigkeit lebendig erfaßt, das durch die ganze Welt geht und trotz zeitwei-
liger scheinbarer Aussetzung sich doch immer am
Ende allmächtig durchsetzt – der hält den Schlüssel zu
allen Aufgaben des Lebens in seiner Hand.

Ein solcher Mensch ist wie ein König: Er tut sein Werk völlig ohne Rücksicht darauf, was andere Menschen sagen, denken oder tun, denn er hat schlechterdings nichts dabei zu gewinnen oder zu verlieren; keine solche Sorge berührt ihn, denn er hat seinen Standort nicht mehr im begrenzten Ich, sondern im unendlichen Selbst. Seine Sache ist Gottes Sache, denn Gottes Sache ist seine Sache: so sind Gottes Kräfte die seinigen, und die Engel vom Himmel müssen ihm dienen und die Dinge nach seinem Willen lenken, und zwar deshalb, weil er die Dinge eben nach Gottes Willen lenken will; wer das tut, der hat unbedingt Erfolg.

Wie oft hat der Meister gesagt: »Ich bin gekommen, nicht daß ich meinen Willen tue, sondern deß, der mich gesandt hat« (Joh. 6,38). Hier ist das große Vorbild eines Lebens nicht im engen Ich, sondern im unendlichen Selbst – und daher stammt seine Kraft. Aber dasselbe gilt von allen Erlösern, Propheten, Sehern, Weisen, von allen, die in die Weltgeschichte segensreich eingegriffen haben, ja von jeder wirklich großen Kraft mit dauernden Wirkungen.

Wer also das Geheimnis der Kraft finden will, muß diesen Weg vom Persönlichen zum Allgemeinen gehen. Dadurch erlangt er nicht bloß Kraft, sondern auch Freiheit von all den Schwierigkeiten, die dadurch entstehen, daß andere in falscher Meinung unsere Absichten verdrehen: Wer nach jenem großen Grundsatz des Dienstes für andere lebt, der fragt nach solchen Dingen nichts. Und wenn wir genau zusehen, so finden wir, daß nahezu alle Schwierigkeiten im Leben aus diesem Persönlichen stammen.

Man redet der Jugend heute viel vom »Erfolg« im Leben vor – Erfolg in dem Sinne freilich, wie ihn die Welt gewöhnlich versteht. Aber es gilt zu bedenken, daß es einen Erfolg gibt, der in Wirklichkeit ein elender und trauriger Mißerfolg ist, und umgekehrt einen scheinbaren Mißerfolg, der in Wirklichkeit ein großer, edler und gottgefälliger Erfolg ist. Und es ist eines der dringendsten Bedürfnisse unserer Zeit, daß die Jugend von heute die hohe und edle Würde und die verborgene Kraft erkennt, die ein solch scheinbarer Mißerfolg deshalb hat, weil er in den Augen Gottes und der kommenden Geschlechter eben ein Erfolg ist. Hat je ein Mensch mit einem größeren Mißerfolg sein Leben beschlossen, als Jesus, und hat je ein Leben einen großartigeren Erfolg aufzuweisen? Wenn das uns deutlich wird, dann werden wir mehr Propheten unter uns haben, mehr Menschen mit hohem und edlem Sinn, die die Fackel wahren Fortschritts mit fester Hand hochhalten. Solchen Männern folgt das Volk willig und gerne, denn sie reden und handeln augenscheinlich mit höchster Vollmacht, sie sind wahrhaft Söhne Gottes und wahrhaft Brüder der Menschen.

Ich fasse alles Gesagte noch einmal zusammen. Ich habe auf der ersten Seite versprochen, daß unsere Verhandlung über die Frage, was alle Welt sucht, nicht allzulang dauern werde, und wenn ich dieses

Versprechen halten will, so muß ich jetzt zum Schluß kommen. Der Leser wird sich erinnern, daß es meine Absicht war, eine Antwort auf die Frage zu finden: Was kann ich tun, daß mein Leben die beste und reichste Frucht bringt? Wie komme ich zu wahrer Größe? Wie erfülle ich mein ganzes Leben mit immer währendem, immer wachsendem, nie abnehmendem Glück und Frieden, mit Freude und vollem Genügen?

Zwei große Gebote habe ich beschrieben. Das eine lautet: Liebe deinen Nächsten – und das bedeutet, wir finden unser Leben nur, wenn wir es verlieren im Dienste unseres Nächsten. Das andere Gebot heißt: Liebe Gott – und das bedeutet: Unser Leben ist eins mit dem unendlichen Leben und bildet einen Teil von ihm; wir sind nicht körperliche, sondern geistige Wesen, und zwar schon hier auf Erden, und wenn wir als solche leben, so kommen wir zur Verwirklichung unseres höheren, göttlichen Selbst und gehen in das Reich des Friedens, der Kraft und der Fülle ein.

Ich möchte wissen, ob meine Leser diese Antwort richtig und genügend finden. Allein wir saßen zu den Füßen des Meisters aller Lehrer: Von ihm stammt, was hier verkündigt wird. Ich denke, wir sind darüber einig, daß wir *wahre* Größe und Macht und wirklichen Erfolg nur im Gehorsam gegen jene beiden Gebote finden können, daß wir aber in diesem Gehorsam auch die reichste Freude, den höchsten Frieden und volles Genüge wirklich finden. Noch etwas ist, wie ich hoffe, uns klargeworden. Unser Leben wird eng, ärmlich, wertlos und jedes Reizes bar, wenn wir immer nur an unser Ich denken und im Bannkreis dieses kleinen und kleinlichen Ichs leben. Anstatt zu wachsen und an dem großen Leben der Allgemeinheit Anteil zu bekommen, wodurch unser eigenes Leben ins Unbegrenzte erweitert würde, statt dessen wird unser Ich und damit unser Leben nur immer enger, kleiner und kleinlicher. Jede Tat des einfachsten Dienstes am Nächsten gleicht jener Berührung des Riesen Antäus mit seiner Mutter Erde: Wir erlangen immer größere Kraft und steigen zu immer höheren Höhen. Die Erfüllung dieser beiden Gebote – das wird jetzt deutlich sein – gibt uns Kraft zum Wachstum und zur Entfaltung des vollkommensten und reichsten Lebens, das uns auf Erden möglich ist: Sie sind die zwei Tore, durch die jeder in das Himmelreich eingehen muß. Vor diesem großen, weihrauchduftenden Altar der Liebe, des Dienstes und der Selbsthingabe für Gott und den Nächsten kann und soll die ganze Menschheit ihre Knie beugen und ihr Opfer darbringen. Diesen Glauben können alle Religionen bekennen: Er ist die wahre Weltreligion.

So werde auch du eins mit Gott, wie sein anderer Sohn, dadurch, daß du zu deinem wahren Selbst erwachst und beständig in diesem höheren göttlichen Selbst lebst. Werde eins mit der Menschheit, wie sein anderer Sohn, dadurch, daß du dein Leben in Einklang bringst mit jenem großen unwandelbaren Gesetz der Liebe, des Dienstes und der Selbsthingabe, dann fühlst du für immer die Kraft und den Herzschlag des allgemeinen Lebens.

Dann wird das größte und seligste Leben, das die Welt kennt, dein Teil werden, denn du lebst dann in Wahrheit das Leben Christi, das höher ist als alles andere und nach dem alle Welt flehend die Hände ausstreckt. Tausende werden kommen und dich segnen und werden Gott danken, daß ein solches Leben den Menschen geschenkt ward. Dann wird jeder Mund überfließen von dem Lobgesang: Selig wir alle, die wir eins sind mit dem unendlichen Leben; wir sind Teile des *einen* großen Ganzen, und der Geist unendlicher Güte und Liebe leitet uns alle für und für.

CHARAKTERBILDUNG DURCH GEDANKENKRÄFTE

Ein guter oder böser Gedanke – eine Tat – bald eine Gewohnheit – das ist das Gesetz des Lebens: Was du in der Welt deiner Gedanken lebst, das wird früher oder später in deinem Leben Wirklichkeit.

Unbewußt bilden wir in jedem Augenblick unseres Lebens neue Gewohnheiten aus. Manchmal sind es gute, manchmal aber höchst verwerfliche Gewohnheiten. Manche sind vielleicht an sich nicht schlimm, aber sie werden etwas sehr Schlimmes, wenn ihre Wirkungen sich allmählich häufen, und große Verluste, Schmerzen und Qualen sind ihre Folgen, während das Gegenteil davon Friede und Freude und eine immer wachsende Kraft mit sich bringen würde.

Steht es nun in unserer Macht, jederzeit zu bestimmen, was für Gewohnheiten in unserem Leben herrschend werden sollen? Mit anderen Worten: Ist das Entstehen von Gewohnheiten und die Bildung unseres Charakters eine Sache des Zufalls oder haben wir es in unserer Gewalt? Meine Antwort lautet: Es ist ausschließlich unsere eigene Sache und steht vollkommen in unserer Gewalt. »Ich werde das sein, was ich sein will« – so kann und soll jede Seele sprechen.

Laß dir zunächst so viel gesagt sein und nimm es ganz in dich auf. Dann bleibt aber noch etwas hinzuzufügen über das große Gesetz, das die Entstehung von Gewohnheiten und die Bildung des Charakters beherrscht. Es gibt da nämlich einen ganz einfachen, natürlichen und durchaus wissenschaftlichen Weg des Vorgehens, den jeder kennen sollte, einen Weg, auf dem man alte, unerwünschte, herunterziehende Gewohnheiten abtun und neue, wertvolle und uns höherhebende Gewohnheiten erwerben kann. Auf diesem Wege kann ein Leben ganz oder teilweise verändert und erneuert werden, vorausgesetzt, daß es uns heiliger Ernst ist, dieses Gesetz zu erkennen und, wenn wir's erkannt haben, anzuwenden.

Die Kraft, die allen Handlungen zugrunde liegt, ist der Gedanke. Was soll das heißen? Ganz einfach folgendes: Jeder Tat, die du tust, jedenfalls jeder bewußten Tat, geht ein Gedanke voraus. Die Gedanken, die jetzt bei dir vorherrschen, bestimmen die Taten, die später bei dir vorherrschen werden. Wenn die Taten öfter wiederholt werden, bildet sich eine Gewohnheit, ähnlich wie ein Kristall sich bildet. Alle deine Gewohnheiten zusammengenommen bilden deinen Charakter. Wenn du also willst, daß deine Taten von einer bestimmten Art seien, so sieh wohl zu, welcher Art die Gedanken sind, denen du dich hingibst. Und wenn du diese oder jene Tat nicht tun, diese oder jene Gewohnheit nicht erwerben willst, so sieh wohl zu, daß du dich nicht solchen Gedanken hingibst, aus denen jene Taten oder Gewohnheiten entstehen.

Es ist ein einfaches Gesetz unserer Seelentätigkeit, daß jeder Gedanke, der genügend lange Zeit gedacht wird, die Bewegungsbahnen des Gehirns betritt und schließlich zur Tat wird. Wie mancher Mord ist zum Beispiel auf diese Weise ganz allmählich zustande gekommen, und ebenso geht es bei allen anderen verwerflichen Taten. Auf der anderen Seite kann man sagen, daß auf dem gleichen Weg auch die größten Kräfte erworben, die göttlichsten Eigenschaften anerzogen und die heldenhaftesten Taten ausgeführt worden sind.

Was wir genau verstehen müssen, ist dies: Der

Gedanke ist immer der Erzeuger der Tat. Nun haben wir es aber durchaus in unserer Gewalt, zu bestimmen, was für Gedanken wir uns hingeben wollen. Im Bereich unseres Geistes üben wir die unbegrenzte Herrschaft aus; jedenfalls sollten wir sie ausüben. Und wenn es nicht der Fall ist, so gibt es einen Weg, auf dem wir es lernen können. Um der Sache wirklich auf den Grund zu kommen, wollen wir dies noch genauer ins Auge fassen: denn wenn der Gedanke wirklich der Erzeuger unserer Handlungen, unserer Gewohnheiten, unseres Charakters und damit unseres ganzen Lebens ist, dann ist es vor allem nötig, daß wir ganz genau wissen, wie wir unsere Gedanken beherrschen können.

Ich erinnere an ein anderes Gesetz, das in unserem Seelenleben gilt. Es bezieht sich auf die Leitungsbahnen, durch die unser Wille als Antwort auf einen von außen kommenden Reiz unsere Glieder bewegt. Man nennt das das reflektorische Nervensystem. Dieses Gesetz sagt aus, daß wir eine bestimmte Bewegung, wenn wir sie wiederholen, beim zweiten Male schon etwas leichter ausführen können als beim ersten Male, beim dritten Male wieder leichter und so fort, bis wir schließlich dahin kommen, daß sie uns gar keine oder doch keine bewußte Anstrengung mehr kostet, ja daß im Gegenteil eine Anstrengung erforderlich ist, um sie zu unterlassen. Ganz wie also der Körper in seinen Leitungsbahnen eine Kraft trägt, die jene Bewegungen immer mehr erleichtert, ganz ebenso verhält es sich im Geist mit den Gedanken.

Man braucht zunächst bloß eine ganz kleine Anstrengung zu machen, um seine Gedanken zu beherrschen, selbst wenn sie das erste Mal oder verschiedene Male vergeblich sein sollte: Mit der Zeit geht es immer leichter und schließlich besitzen wir die vollkommene Herrschaft.

Es kann also jeder diese Kraft in sich steigern, mit der er seine Gedanken beherrscht und selbständig zu bestimmen vermag, welchen er nachhängen will und welchen nicht. Denn wir dürfen nie vergessen: Jede wirkliche, in einer bestimmten Richtung erfolgende Anstrengung bewirkt, daß die nächstfolgende leichter vonstatten geht, auch wenn, wie gesagt, im Anfang der eigentliche Erfolg ausbleibt. Hier haben wir einen Fall, wo sogar das Mißlingen ein Erfolg ist, denn das Mißlingen ebnet und erleichtert den Weg zum Erfolg. Wir *können* also vollkommene Herrschaft über die Gestalt und Beschaffenheit unserer Gedanken erlangen.

Und nun wollen wir noch zwei oder drei bestimmte Fälle betrachten. Ein Mann ist Kassierer eines großen Handelshauses oder einer Bank. Er liest in seiner Zeitung von einem andern, der plötzlich reich geworden ist, der in wenigen Stunden durch Spekulation an der Börse mehrere Millionen Mark gewonnen hat. Vielleicht hat er kürzlich schon einmal dasselbe von einem anderen Mann gelesen. Er hat nicht Überlegung genug, um einzusehen, daß dem einen oder den zwei Fällen, in denen es so gegangen ist, bei genauer Kenntnis aller Fälle hundert oder zweihundert gegenüberstehen müssen, bei denen es umgekehrt ging und die Leute auf diesem Weg alles verloren haben. Er denkt natürlich, wenn *er* so etwas versuchte, würde er zu den Glücklichen gehören, und bedenkt nicht, daß es zu ehrlich erworbenem Reichtum keinen abkürzenden Fußweg gibt. Er nimmt also einen Teil seines Vermögens – und, wie es in solchen Fällen fast immer geht, verliert richtig alles, was er in das Unternehmen gesteckt hat. Nun bildet er sich ein, er wisse, warum er verloren habe, und wenn er nur mehr Geld hätte, so könnte er nicht bloß das Verlorene wiedergewinnen, sondern auch noch ein hübsches Sümmchen dazu verdienen, und zwar mit größter Geschwindigkeit. Da kommt ihm der Gedanke, er könnte dazu vielleicht etwas aus der Kasse nehmen, die ihm anvertraut ist. In neun von zehn Fällen – ja höchst wahrscheinlich in jedem Fall – werden die Folgen dieses Schrittes so sein, daß jeder sie sich selbst ausmalen kann. Was hätte nun den Mann gerettet? Nach dem, was ich bisher gesagt habe, ist das leicht zu erkennen. In dem Augenblick, als der Gedanke in ihm aufstieg, sich an dem anvertrauten Geld zu vergreifen, da hätte er ihn *sofort* aus seinem Geist verbannen sollen. Das wäre klug gewesen; aber töricht war es, ihm nachzuhängen. Denn je länger er ihm nachhängt, desto stärker wird dieser Gedanke, ja er wird schließlich zum allbeherrschenden in seinem Geist, unterjocht seine ganze Willenskraft, und es bleibt ihm nur noch Schande, Absetzung, Zuchthaus und Reue. Es ist noch leicht für ihn, den Gedanken zu verbannen, wenn er zum erstenmal auftaucht; aber je länger er ihm nachhängt, desto größere Kraft gewinnt die Versuchung, und es wird immer schwieriger, ihn loszuwerden, ja schließlich wird es wirklich *unmöglich*. Das brennende Zündholz, das ein Hauch des Mundes hätte auslöschen können, hat ein Feuer entzündet, das das ganze Haus ergreift, und jetzt ist es beinahe oder ganz unmöglich, darüber Herr zu werden.

Soll ich noch einen andern bestimmten Fall vorführen? Es ist eine ganz gewöhnliche Geschichte, vielleicht zu gewöhnlich: Aber wir sehen an ihr, wie eine Gewohnheit entsteht und wie sie wieder abgetan werden kann. Nehmen wir einen jungen Mann, reicher oder armer Leute Kind, aus dem einfachen Mittelstand oder aus den Reihen der »oberen Zehntausend« – das bleibt sich gleich. Er ist gutherzig und gutwillig, was man so einen guten Kerl nennt. Er macht einen Ausflug mit jungen Leuten seinesgleichen; sie sind vergnügt miteinander, gedankenlos und sorglos, wie die Jugend ist. Einer macht den Vorschlag, nicht etwa sich zu betrinken, aber miteinander »einen zu nehmen«. Der junge Mann, von dem ich rede, will die Gemütlichkeit nicht stören, und so überhört er die innere Stimme, die ihn mahnt, sich nicht zu beteiligen. Er nimmt sich nicht Zeit zu überlegen, daß die größte Stärke und Vornehmheit des Charakters sich darin zeigt, daß man feste Stellung auf der Seite des Rechten nimmt und sich von nichts darin beirren läßt: und so geht er mit den andern zum Trinken. Das wiederholt sich mit denselben oder mit anderen Gefährten, und jedesmal wird seine Kraft, nein zu sagen, geringer.

So kommt er allmählich dazu, Geschmack am Trinken zu finden, und tut's manchmal auch von sich aus. Er denkt nicht von weitem daran, wo der Weg hinführen könnte, den er geht, bis er eines Tages merkt, daß er keine Kraft und sogar keinen Wunsch mehr hat, dem Drang zu widerstehen, der schon in gewissem Sinn die Form einer Leidenschaft angenommen hat. Er meint freilich, wenn die Gefahr da sei, daß er zum wirklichen Gewohnheitstrinker werde, dann könne er sicher noch Halt machen, und so läßt er sich gedankenlos und sorglos gehen. Wir wollen die weiteren Zwischenstufen übergehen und gleich sagen: Der Augenblick kam, wo er ein richtiger Säufer war. Es ist die alte Geschichte, die man schon tausend- und abertausendmal gehört hat.

Endlich erwacht er zum vollen Bewußtsein seines wahren Zustandes, und die Scham, die Angst, das Gefühl der Erniedrigung bewirken, daß er heiße Sehnsucht nach der Zeit empfindet, da er noch ein freier Mann war. Aber er ist kaum mehr imstande, zu hoffen. Es wäre gewiß am leichtesten gewesen, nicht anzufangen; es wäre nicht so schwer gewesen aufzuhören, als er noch nicht so weit war, aber sogar jetzt noch, in seinem jetzigen Zustand, und wenn es der niedrigste, hilf- und hoffnungsloseste wäre, den man sich denken kann, sogar jetzt noch besitzt er eine Kraft, mit deren Hilfe er herauskommen und wieder ein freier Mann werden kann. Wir wollen einmal zusehen, wie das möglich ist. Der Drang zu trinken kommt wieder über ihn. Wenn er ihm auch nur kurze Zeit nachhängt, so ist er verloren. Seine einzige Hoffnung, seine einzige Rettung liegt darin: Im Augenblick, buchstäblich im selben Augenblick, wo der Gedanke auftaucht, muß er ihn verbannen – dann bläst er das kleine Flämmchen des Zündholzes aus. Wenn er dem Gedanken nachhängt, so greift die kleine Flamme um sich, und eh' er sich's versieht, brennt ein Feuer, gegen das seine Kraft wehrlos ist. Der Gedanke muß aus dem Geist verbannt werden, sobald er auftaucht: Mit ihm auch nur zu unterhandeln, ist schon gleichbedeutend mit besiegt sein, oder es gibt jedenfalls einen Kampf, viel heftiger, als wenn man den Gedanken gleich im Augenblick des Auftauchens unterdrückt hätte.

Und hier muß ein Wort gesagt werden über ein Gesetz, das wir das Gesetz der Mittelbarkeit nennen wollen. Statt daß man versucht, einen Gedanken unmittelbar zu unterdrücken, wobei man doch einen Augenblick bei ihm verweilen muß, ist es leichter, ihn so loszuwerden, daß man den Geist auf einen andern Gegenstand richtet oder einen andern Gedanken zu denken sucht. Das könnte z. B. der Gedanke der Selbstbeherrschung sein, oder irgend etwas, das von dem, worauf es ankommt, ganz verschieden ist, etwas, auf das der Geist leicht und willig eingeht. Dies wird zum beherrschenden Gedanken, und dann ist die Gefahr vorüber. Je öfter man das nun wiederholt, desto mehr wächst die Kraft, den Gedanken an das

Trinken, sowie er auftaucht, aus dem Geist zu verbannen und dafür andere, bessere Gedanken zu denken. Der Erfolg ist schließlich der, daß mit der Zeit der Gedanke an das Trinken seltener kommt, und wann er kommt, leichter unterdrückt werden kann; die Anstrengung, die dazu nötig ist, wird immer kleiner, bis es ganz leicht geht, und so kann endlich die Zeit kommen, wo der Gedanke überhaupt nicht mehr auftaucht.

Noch ein dritter Fall. Du bist vielleicht etwas reizbar, leicht zum Zorn geneigt. Wenn irgend jemand etwas sagt oder tut, das dir unangenehm ist, so ist es dein erster Antrieb, deinen Unwillen zu äußern und vielleicht dem Zorn Raum zu geben. In dem Maß, als du dies geschehen läßt, als du dir erlaubst, deinen Zorn zu zeigen, um so leichter wird dieser Vorgang in deinem Geist sich abspielen, wenn auch nur der kleinste Anlaß dazu eintritt. Es wird immer schwieriger für dich, ihm zu widerstehen, bis schließlich Unwillen, Zorn und vielleicht sogar Haß und Rachsucht richtige Charakterzüge deines Wesens werden und ihm alles Sonnige, allen Reiz und alle Heiterkeit im Umgang mit anderen rauben. Wenn du aber im selben Augenblick, wo der Unwille und Zorn sich regen will, ihn *sofort und auf der Stelle* unterdrückst und deinen Geist auf etwas anderes richtest, dann wird die Kraft, dies zu tun, wachsen, es wird immer leichter und immer schneller gehen, bis schließlich eine Zeit kommt, wo dich überhaupt kaum mehr etwas reizt und jedenfalls nichts mehr dich zornig werden läßt.

Eine alles überstrahlende Heiterkeit des Wesens kann so dein Charakterzug werden, von der du heute gar nicht denken kannst, daß du sie je erwirbst. So könnten wir Fall auf Fall, Gewohnheit auf Gewohnheit durchnehmen. Der Fehler der Tadelsucht, der Eifersucht oder der Furchtsamkeit und das Gegenteil dieser Gewohnheiten entwickeln sich auf dieselbe Weise, ebenso Liebe oder Haß. Auf demselben Weg kommen wir entweder zu einer düsteren, schwarzseherischen Anschauung des Lebens, die sich als Charakterzug bei uns ausprägt, oder zu einem sonnigen, hoffnungsvollen, heiteren Wesen, das so viel Freude, Schönheit und Kraft für uns und ebenso für die Welt, in der wir leben, mit sich bringt.

Nichts ist so wahr im menschlichen Leben wie der Satz, daß wir dem ähnlich werden, an das wir zumeist denken. Es ist buchstäblich wahr: »Wie ein Mensch in seinem Herzen denkt, so ist er«. Das »ist« bezieht sich auf seinen Charakter. Sein Charakter ist die Summe seiner Gewohnheiten. Seine Gewohnheiten sind durch seine bewußten Taten so geworden, wie sie sind; aber jeder bewußten Tat geht, wie wir gesehen haben, ein Gedanke voraus. So haben wir eine Kette: am einen Ende den Gedanken, am andern den Charakter, das Leben, das Schicksal. Und wie einfach wird die Sache, wenn wir bedenken, daß es gerade der Gedanke des jetzigen Augenblicks ist, auf den es ankommt.

Auf diesem Wege kann man jedes Ziel erreichen, das man sich vorsetzt. Nur zwei Schritte sind nötig:

erstens, sich beizeiten ein Ziel zu setzen, und zweitens, ihm beständig nachzustreben, was auch komme und wie der Weg auch sein möge. Bedenke immer, daß nur *der* Charakter groß und fest ist, der immer bereit ist, das gegenwärtige Vergnügen dem zukünftigen Wohl zu opfern. Wer so seinen höchsten Zielen nachgeht, wie sie Tag um Tag, Jahr um Jahr vor ihm stehen, dem wird es gehen wie Dante: Er folgte seiner Geliebten durch alle Welten und fand sie endlich am Tor des Paradieses. Am selben Tor werden wir uns finden. Das Leben ist nicht da, um in ihm vergängliche Vergnügungen zu genießen, sondern dazu, alles zu entfalten, was in uns angelegt ist, den edelsten Charakter zu erwerben, der uns möglich ist, und der Menschheit den größten Dienst zu leisten, den wir leisten können. Aber gerade hierin finden wir dann das höchste Vergnügen, oder besser gesagt, das größte Glück, ja das einzig wirkliche Glück. Wer es auf einem andern oder kürzeren Weg finden will, der wird unweigerlich erleben, daß sein späterer Zustand jedesmal schlimmer ist als der vorhergehende; und wenn er diese falschen Wege noch so weit verfolgt, er wird niemals wirkliches und dauerndes Glück finden. Die Frage ist nicht: Was bietet uns unser Leben? sondern: Wie nehmen wir das auf, was das Leben uns bietet? Und was es auch sei, es ist jedenfalls unweise und nutzlos, darüber zu klagen, denn Klagen macht niedergeschlagen, und Niedergeschlagenheit schwächt oder tötet vielleicht gar den Geist, der allein die Kraft aufbringen könnte, die uns ein ganz neues Leben verschaffte.

Um recht deutlich zu sein, will ich auch vor einem persönlichen Bekenntnis nicht zurückscheuen. Es hat auch in meinem Leben nicht an Zeiten gefehlt, wo ich unter solchen Bedingungen leben mußte, daß ich ihnen am liebsten davongelaufen wäre, ein solches Gefühl der Erniedrigung und Scham erfüllte mich. Aber ohne Ausnahme ging es so: Wenn einige Zeit vergangen war, so konnte ich rückschauend deutlich erkennen, welche Aufgabe jede dieser Erfahrungen in meinem Leben zu erfüllen hatte. Ich erkannte, welche Dinge ich noch hatte lernen müssen, und der Erfolg ist jetzt, daß ich jetzt keine einzige dieser Erfahrungen aus meinem Leben missen möchte, so niederbeugend und schwer zu ertragen sie auch zu ihrer Zeit waren – nicht um alle Welt. Und auch das ist etwas, was ich gelernt habe: Wie auch jetzt die Bedingungen sein mögen, unter denen ich lebe, auch wenn sie nicht leicht und nicht angenehm sind, und wie sie auch in Zukunft sich gestalten mögen – ich will sie hinnehmen, wie sie kommen, ohne Klagen und ohne Niedergeschlagenheit, und ihnen begegnen, so gut und so weise ich kann. Denn ich weiß, es sind jedenfalls die besten, die ich zur Zeit brauchen kann – sonst wären sie gar nicht so, wie sie sind. Ich weiß, wenn ich auch zur Zeit nicht einsehe, warum sie da sind und was sie mir leisten sollen, daß doch die Zeit kommen wird, in der ich das alles verstehe und Gott für alles danke, gerade so, wie es gekommen ist.

Jeder ist so leicht geneigt, gerade seinen Zustand, seine Sorgen und Wirren, seine Kämpfe für schwerer zu halten, als was die andern zu tragen haben. Er vergißt aber, daß jeder seine besondere Last zu tragen hat, und daß das Tragen von Lasten das gemeinsame Los der ganzen Menschheit ist. Natürlich, unsere eigenen Schmerzen fühlen wir, aber die der andern nicht, und so denken wir leicht, daß jene weniger zu tragen haben. Aber jeder hat seine eigenen Aufgaben zu lösen. Jeder muß zur Erkenntnis kommen, welches die Ursachen sind, die ihn in eine so unerwünschte Lage gebracht haben; jeder muß so stark werden, daß er dieser Lage gewachsen ist und Kräfte in Bewegung setzen kann, die eine ganz neue Lage herbeiführen. Wir können da einander viel helfen durch Rat und Aufklärung über jene hohen Gesetze und Kräfte, die es uns leichter machen, zu tun, was wir tun wollen. Das Tun selber freilich muß jeder für sich allein fertig bringen.

Der Weg, aus jeder Schwierigkeit herauszukommen, besteht darin, daß wir zunächst den Dingen unmittelbar ins Gesicht sehen und das Gesetz finden, nach dem sie sich so gestaltet haben. Wenn wir das finden, dann gilt es, uns nicht gegen dieses Gesetz aufzulehnen oder ihm zu widerstehen, sondern uns nach ihm zu richten, indem wir in Übereinstimmung mit ihm arbeiten. Wenn wir das tun, so arbeitet das Gesetz selbst für uns und zu unserem Besten, und wir kommen dahin, wo wir hin wollen. Wenn wir uns aber dagegen auflehnen, ihm widerstehen, nicht in Übereinstimmung mit ihm arbeiten, dann wird es uns zerbrechen. Denn das Gesetz ist unabänderlich in seiner Wirksamkeit. Geh mit ihm – und es tut alles, was du willst; widerstehe ihm – und es bringt Leiden, Schmerz, Verlust und Zerstörung über dich.

Vor einiger Zeit sprach ich mit einer Frau, die auf einem kleinen Gut in Neuengland lebt. Vor einigen Jahren starb ihr Mann, ein gutherziger, fleißiger Mensch, der aber fast seinen ganzen Verdienst vertrank. Als er starb, war das Gut noch nicht bezahlt, und die Frau sah sich gänzlich von Mitteln entblößt, dazu mit einer Familie von mehreren Köpfen, für die sie zu sorgen hatte. Aber statt durch ihr Los, das viele ein hartes genannt hätten, sich entmutigen zu lassen, statt sich gegen die Umstände aufzulehnen, in denen sie sich befand, trat sie den Kampf tapfer an im festen Glauben, daß sich ein Weg finden werde, ihn zu bestehen, auch wenn sie ihn jetzt noch nicht deutlich vor sich sah. Sie nahm die Last da auf, wo sie ihr aufgelegt ward, und schritt tapfer voran. Einige Jahre lang nahm sie Sommergäste auf, und sie sagte mir, sie sei jeden Morgen zwischen halb vier und vier Uhr aufgestanden und habe bis zehn Uhr nachts gearbeitet. Im Winter, wenn diese Einnahmequelle versiegte, ging sie auf Pflege in die Umgegend. Auf diesem Wege hat sie das kleine Gut fast ganz bezahlt, die Kinder besuchten die Schule und sind jetzt imstande, ihr schon tüchtig zu helfen. In dieser ganzen Zeit hatte sie nie Angst oder Sorge. Sie lehnte sich nicht gegen das Schicksal auf, sondern richtete sich nach dem Gesetz, nach dem sie allein für eine bessere Lage arbeiten konnte. Und sie versicherte mir, sie sei immer dafür dankbar gewesen, daß sie arbeiten konnte, und immer habe sie jemand gefunden, dem es weniger gut ging als ihr und dem sie kleine Dienste leisten konnte. Besonders darüber freut sie sich und dafür ist sie dankbar, daß ihr Heim jetzt bald bezahlt ist und bald nichts mehr von ihrem Verdienst zu den Gläubigern wandert. Ihr liebes Heim sei ihr jetzt noch einmal so viel wert, weil es durch ihre eigene Arbeit ihr Eigentum geworden sei. Ihr starker und edler Charakter, den sie in diesen Jahren ausgebildet hat, ihre liebenswürdige Art, ihre liebevolle Fürsorge für andere, ihr fester Glaube an den endlichen Sieg der Rechtschaffenheit und Treue, der Reinheit und Güte, das alles sind Eigenschaften, um die sie Hunderte und Tausende von Männern und Frauen, denen es viel besser geht, aufrichtig beneiden dürfen. Und selbst wenn sie das kleine Gut morgen noch verlieren sollte: Sie hat etwas gewonnen, das man für ein Gut von tausend Morgen nicht kaufen kann. So ist durch die Art, wie sie ihre Arbeit getan hat, ihre Last leicht und die Arbeit selbst ihr Glück geworden.

Wir wollen einen Augenblick überlegen, wie die Frau sich in diesen Umständen benommen hätte, wenn sie weniger weise und vortrefflich gewesen wäre. Sicher hätte sie sich im Anfang niederdrücken lassen, Angst und Sorge hätten von ihr Besitz ergriffen, sie wäre zur Überzeugung gekommen, daß nichts, was sie tun könnte, etwas helfe. Oder sie hätte sich gegen das Schicksal aufgelehnt, das ihr diese Last auferlegt hatte und wäre verbittert worden gegen die

Welt und gegen die Menschen, mit denen sie in Berührung kam. Oder sie hätte gedacht, sie allein könne doch nichts machen und jemand anderes habe die Pflicht, ihr aus der Not zu helfen. Auf diese Weise wäre aber überhaupt nichts geschehen, um aus der Lage herauszukommen, und sie hätte ihr Los immer schwerer empfinden müssen, weil ihr Geist von keinem anderen Gedanken erfüllt gewesen wäre. Sie hätte das Gut nicht als Eigentum erworben, sie hätte nie etwas für andere tun können und sie wäre jetzt ein gründlich verbittertes Wesen.

Ist es also nicht wahr, daß es nicht darauf ankommt, was das Leben uns bietet, sondern wie wir das aufnehmen, was es uns bietet? Davon hängt alles ab. Und wenn wir einmal geneigt sind, zu meinen, unser Los sei das härteste, und wenn wir uns einreden, wir finden niemand, dem es schlechter ginge als uns, dann wollen wir eine Zeitlang an Pompilia in Robert Brownings »Ring und Buch« denken – dann werden wir Gott danken, daß es uns so gut geht, und vertrauensvoll und unerschrocken daran gehen, unser Leben so zu gestalten, wie wir es haben wollen.

Jeder Fortschritt oder Rückschritt, jeder Erfolg oder Mißerfolg, alles, was wir herbeiwünschen oder wegwünschen – alles das hängt vom Gedanken ab. Die Gedanken, die wir hegen, erschaffen solche Umstände und ziehen solche an, die genau unseren Gedanken entsprechen. Gedanken sind Kräfte, und jeder wirkt auf seine Weise, ob wir uns dessen bewußt sind oder nicht. Das große Gesetz der Anziehungskraft des Geistes: Gleiches bringt Gleiches hervor und zieht Gleiches an, wirkt sich in jedem Menschenleben aus, denn es ist eines der großen, ewigen Gesetze des Alls. Wir müssen genau wissen, was wir erreichen wollen, dann dieses Ziel fest und unerschütterlich im Sinn behalten, unseren Glauben, das heißt unsere schöpferischen Gedankenkräfte niemals von Zweifel und Furcht lähmen lassen, und so jeden Tag tun, was unsere Hand zu tun findet, niemals klagen, sondern statt dessen die Zeit dazu verwenden, unsere Gedankenkräfte wie in einem Brennspiegel auf das Ziel zu sammeln, das wir uns im Geist aufgestellt haben – solches Verhalten führt früher oder später die volle Verwirklichung dessen herbei, wofür wir arbeiten.

Feiger Gedanken
Bängliches Schwanken,
Weibisches Zagen,
Ängstliches Klagen
Wendet kein Elend,
Macht dich nicht frei.

Allen Gewalten
Zum Trutz sich erhalten,
Nimmer sich beugen,
Kräftig sich zeigen,
Rufet die Arme
Der Götter herbei.

Manche Leute fangen an zu begreifen, daß es etwas gibt, das wir »Wissenschaft des Gedankens« nennen können. Sie sehen nach und nach ein, daß wir in unseren inneren, geistigen Gedankenkräften ein Mittel haben, um unsere Lebensumstände allmählich so zu gestalten, wie wir sie haben wollen. Aber in dieser ersten Begeisterung entdecken sie nun, daß der Erfolg nicht so schnell eintritt, als sie erwarteten, und so sind sie bald wieder geneigt zu denken, daß schließlich doch nicht viel hinter den Dingen steckt, von denen sie eben erfahren haben. Solche Leute dürfen nicht vergessen, daß bei dem Versuch, eine alte Gewohnheit los zu werden oder eine neue zu schaffen, *nicht alles auf einmal* getan werden kann.

Genau im Verhältnis, in dem wir unsere Gedankenkräfte überhaupt anwenden, wächst unsere Fähigkeit, sie immer wirksamer anzuwenden. Jeder Fortschritt ist im Anfang langsam, wird aber schneller, je weiter es vorwärts geht. Die Kraft wächst durch die Übung oder mit anderen Worten: Die Übung bringt uns immer größere Kräfte. Das gleiche Gesetz waltet hier wie überall in unserem Leben und in der ganzen Welt. Kein Musiker zum Beispiel kann anders als auf diesem vom Gesetz vorgezeichneten Weg Fortschritte machen: er kann sich nicht einfach ans Klavier setzen und aufs erste Mal ein Stück spielen, das ihn als Meister zeigt. Er braucht daraus nicht den Schluß zu ziehen – und niemand zieht diesen Schluß wirklich –, daß er das Stück *niemals* spielen könne. Er fängt an zu üben. Jenes Gesetz des Seelenlebens, von dem wir vorhin gesprochen haben, kommt ihm zu Hilfe: Es wird ihm jedesmal leichter, das Stück zu spielen, je öfter er's tut, und dazu tritt noch das andere Gesetz über die Verbindung der Leitungsbahnen in Wirksamkeit, wonach die Bewegungen seiner Finger sich mit dem Blick seiner Augen und den Gedanken seines Geistes immer leichter und williger und immer genauer zusammenfügen, bis, was anfangs unmöglich schien, was anfangs unharmonisch und voller Mißklänge war, schließlich als ein Meisterwerk ertönt, das Tausende von Menschen ergreift und hinreißt.

Genauso geht es beim Gebrauch der Gedankenkräfte. Die Wiederholung, die unablässige Wiederholung des Gedankens macht die Kraft, ihn gesammelt auf einen Punkt zu richten, immer stärker, und dies führt schließlich zu seiner Verwirklichung.

Alles Leben geht von innen nach außen. Das kann gar nicht oft genug wiederholt werden. Alle Lebensquellen entspringen im Innern – darum sollten wir auch für dieses Innere viel mehr Zeit übrig haben, als dies bei uns zu geschehen pflegt, besonders in unserer abendländischen Welt.

Nichts bringt uns so reichen Lohn, als wenn wir jeden Tag unseres Lebens für eine kurze Zeit »*in die Stille gehen*«*. Wir brauchen das, um die Knoten in unserem Geist und in unserem Leben zu entwirren; wir brauchen es, um höhere und reinere Ziele für unser Leben zu finden; wir brauchen es, um die Dinge genau im Geist zu erblicken, auf die wir unsere Ge-

* Vergleiche *Trine*, In Harmonie mit dem Unendlichen.

dankenkräfte gesammelt hinlenken wollen. Wir brauchen es, um unsere bewußte Verbindung mit dem Unendlichen beständig zu erneuern und aufrecht zu erhalten. Wir brauchen es, damit der Lärm und das Getriebe unseres Alltagslebens uns nicht immer wieder die Wahrheit vergessen läßt, daß der Geist des unendlichen Lebens und der unendlichen Macht hinter allem steht und in allem und durch alles wirkt, daß dieser Geist, das Leben des Alls, zugleich das Leben unseres Lebens und die Quelle unserer Kraft ist und daß wir abgetrennt von ihm kein Leben und keine Kraft finden. Dies zu erkennen und in dieser Erkenntnis allezeit bewußt zu leben, das heißt das Reich Gottes finden, das seinem Wesen nach ein innerliches Reich ist und niemals etwas anderes sein kann. Das Himmelreich können wir nur in uns finden, und wir finden es für immer, wenn wir zu der bewußten lebendigen Erkenntnis kommen, daß wir in unserem wahren Selbst mit dem göttlichen Leben wesenseins sind, und wenn wir uns so öffnen, daß dieses göttliche Leben sich durch uns kundtun kann. Auf diesem Wege kommen wir dahin, daß wir beständig »mit Gott wandeln«; das Bewußtsein Gottes wird lebendige Wirklichkeit in unserem Leben und bringt uns immer wachsende Weisheit, Einsicht und Kraft. *Dieses Bewußtsein Gottes in der Seele des Menschen ist in Wahrheit Wesen, Summe und Inhalt aller Religion.* Es macht die Religion eins mit jeder reinen Tätigkeit und jedem Augenblick des Alltagslebens. Was damit nicht eins werden kann, das ist nur dem Namen nach, aber nicht in Wahrheit Religion. Dieses Bewußtsein Gottes in der Seele des Menschen ist auch die *eine* Lehre, die alle Propheten, alle gotterleuchteten Männer, alle Seher und Mystiker der Weltgeschichte gelehrt haben, welcher Zeit, welchem Volk und welcher Religion sie auch angehörten und wie mannigfach sie sich auch sonst in unwichtigeren Dingen des Lebens und der Lehre voneinander unterscheiden. Hierin stimmen sie alle überein, das ist in Wahrheit das Wesen ihrer Lehre, und zugleich war es die Quelle ihrer Kraft und das Geheimnis ihrer dauernden Wirkung.

Wir müssen werden wie die Kinder, sonst können wir nicht in das Himmelreich eingehen (Matth. 18,3). Dann wissen wir, daß wir von uns selbst nichts tun können, sondern nur dann etwas zu tun vermögen, wenn wir erkennen, daß Gottes Leben und Kraft in uns wirksam ist, und wenn wir uns so öffnen, daß sie durch uns wirken kann. So allein können wir jenes wirkliche Leben ergreifen, das zugleich die höchste Seligkeit und das stärkste Vorwärtsschreiten in sich schließt.

Im Morgenland nehmen sich die Menschen viel mehr Zeit, um in die Stille, in das Schweigen zu gehen, als wir. Manche gehen dort darin ebenso nach der einen Seite zu weit, als wir's nach der anderen Seite tun, und die Wirkung davon ist, daß sie in ihrem äußeren Leben die Dinge nicht verwirklichen und verkörpern können, von denen sie in ihrem inneren Leben träumen. Wir dagegen wenden so viel Zeit auf die Tätigkeit des äußeren Lebens, daß wir nicht mehr genug übrig behalten, um im inneren geistigen und gedanklichen Leben die Ziele zu gestalten, die wir im äußeren verwirklichen wollen. Die Wirkung davon ist, daß wir das Leben sozusagen als Zufall hinnehmen, es nehmen wie es kommt und nicht weiter darüber nachdenken, bis wir vielleicht durch bittere Erfahrungen dazu genötigt werden, während wir es durch die inneren Kräfte ganz nach unserem Willen gestalten könnten. Wir müssen das rechte Gleichgewicht zwischen morgenländischer und abendländischer Gewohnheit finden und nach keiner Seite zu weit gehen; das allein macht ein Leben so, wie es sein soll, und nur ein solches Leben kann uns genügen. Im Morgenland gibt es viele, die Tag für Tag in der Stille sitzen, in Meditation und Kontemplation, wie sie es nennen, die Augen auf den Nabel gerichtet, während ihr äußeres Leben aus Mangel an Tätigkeit völlig verkümmert. In unserer abendländischen Welt rennen und jagen Männer und Frauen hin und her, ohne Mittelpunkt und Grund, auf dem sie still stehen könnten, ohne einen Ankerplatz für ihr Leben, weil sie sich nicht genügend Zeit nehmen, das zu erkennen, was Mittelpunkt und Wirklichkeit ihres Lebens ist.

Wenn der Morgenländer seine Kontemplation, sein stilles Nachdenken, ruhig vollenden, dann aber aufstehen und an die Arbeit gehen wollte, so würden seine Lebensbedingungen viel besser und sein Leben viel natürlicher und befriedigender sein. Wenn wir

Abendländer dem Lärm und Getreibe unseres Lebens
mehr Zeit abgewinnen wollten für das stille Nachdenken, für das gedankenmäßige Gestalten unserer
Lebensziele, für das Bekanntwerden mit unserem
wahren Selbst, und dann an unsere Arbeit gingen,
indem wir die Kräfte dieses wahren Selbst nach außen
wirken lassen, so stände es besser um uns, unser
Leben wäre natürlicher und richtiger. Die erste Bedin-
gung dafür, daß unser Leben wirklich so sei, wie es
sein soll, ist, daß wir unsern Mittelpunkt finden und
zwar im Unendlichen, und dann von diesem Mittelpunkt aus denken, reden, arbeiten, lieben und leben.

In diesem Streben nach höchster Charakterbildung, wie wir es eben dargestellt haben, fühlen sich
aber manche gelähmt durch das, was man *Vererbung*
nennt. In gewissem Sinn ist das richtig, aber in anderem Sinn nicht. Es ist damit ähnlich wie mit dem
Gedankengang, der uns durch jenen alten Fibelvers
eingeimpft wurde: »In Adams Fall sündigten wir all«.
Erstens sieht kein Mensch ein, wie das mit der Gerechtigkeit Gottes übereinstimmen könnte, wenn es
wahr wäre. Zweitens sieht man aber noch viel weniger ein, wie es überhaupt wahr sein kann. Und drit-
tens ist kein Wort davon wahr. Wir haben es mit dem
wahren, wesenhaften Selbst zu tun, und wie alt auch
Adam sein mag – Gott ist noch älter. Das gilt für
mich, für dich, für jede Menschenseele. Wenn wir das
erkennen, so sehen wir, daß die Vererbung nur ein
leicht geknicktes Rohr ist. Jeder hat sein Leben in der
Hand und kann aus ihm für seinen Charakter, für sein

Glück, für seine Kraft und für die Verwirklichung des göttlichen Selbst machen, was er will. Alles, wovon er träumt, ist sein, oder kann sein werden, wenn er's ernstlich meint. Je näher er seinem Ziel kommt, je größer die Kraft und Wirkung seines Charakters ist, desto mehr wird er ein Vorbild und eine Erleuchtung für alle, die mit ihm in Berührung kommen: So ermutigt und stärkt er die Schwachen und Verzagenden; die Menschen mit niedrigem Ziel und niedrigem Leben hebt er zu sich herauf – und wo das Ziel des Lebens höher wird, da muß sich das auch im äußern Leben zeigen. Je weiter er in seinem Verständnis der Macht der Gedankenkräfte fortschreitet, desto deutlicher sieht er, wie oft er durch die Einwirkung dieser Kräfte einem Schwachen und Strauchelnden helfen kann, indem er ihm seine höchsten Gedanken, die Gedanken der höchsten Kraft, Weisheit und Liebe zusendet.

Wer sich genügend Zeit nimmt, in die Stille zu gehen und dort seine Ziele in Gedanken zu gestalten, die bewußte Verbindung mit dem Unendlichen und seinen Lebenskräften herzustellen und lebendig zu erhalten, der ist auch am besten für das Leben ausgerüstet. Er kann alles, was ihm begegnet, mit Weisheit und Kraft aufnehmen und verarbeiten. Er baut nicht für Jahre, sondern für Jahrhunderte, nicht für die Zeit, sondern für die Ewigkeit. Er kann vorwärts gehen, ohne zu wissen, wo er hinkommt, denn er weiß, daß das göttliche Leben in ihm nie versagt, sondern ihn leitet, bis er den Vater sieht von Angesicht zu Angesicht.

Er baut für Jahrhunderte: Denn nur das Höchste,

Wahrste, Edelste und Beste wird die Jahrhunderte überdauern. Er baut für die Ewigkeit: Denn wenn der Übergang kommt, den wir Tod nennen, dann hat er jene Güter in Fülle, die die Seele allein mitnimmt, wenn ihr sonst alles genommen wird: Leben, Charakter, Selbstbeherrschung und Verwirklichung des göttlichen Selbst. Er kennt keine Furcht, weder im Leben noch in dem Augenblick, wo dieses Leben in ein anderes übergeht, denn er weiß, hinter ihm, in ihm und um ihn wohnt die unendliche Weisheit und Liebe. In ihr findet er ewig seinen Mittelpunkt, von ihr kann er nie abgetrennt werden. Er ist sicher und selig in der festen Überzeugung, die er einem großen Jünger des Meisters (Röm. 8,38. 39) mit den Worten nachsprechen kann: »Ich bin gewiß, daß weder Tod noch Leben, weder Gegenwärtiges noch Zukünftiges, weder Hohes noch Tiefes uns scheiden kann von der Liebe Gottes.«